ullstein

Das Buch

»An der Fahrschule in meiner Straße laufe ich nun schon seit zwanzig Jahren vorbei. Nie habe ich mir über Fahrschulen Gedanken gemacht. Genauso wie ich zu den Dealern am U-Bahnhof immer ›Nein, danke‹ sage. Fahrschulen und Drogenkauf kamen bisher in meinem Leben nicht vor. Das soll sich nun ändern.«

In ihrem Sabbatjahr hat sich Frau Freitag eine ganz besondere Herausforderung gesucht: den Führerschein. Doch wer es gewohnt ist, anderen die Richtung vorzugeben, dem fällt das bedingungslose Befolgen von Befehlen nicht leicht.

Die Autorin

Frau Freitag, geboren 1968, ist Lehrerin, Bloggerin und Bestseller-Autorin. Sie schrieb unter anderem *Chill mal, Frau Freitag* und den Lehrer-Ratgeber *Für mich ist auch die 6. Stunde*. Letztes Jahr wurde die Lehrerin selbst wieder zur Schülerin.

Von Frau Freitag sind bei Ullstein bereits erschienen:

Chill mal, Frau Freitag
Voll streng, Frau Freitag
Echt easy, Frau Freitag
Für mich ist auch die 6. Stunde

Frau Freitag

MAN LERNT NIE AUS, FRAU FREITAG

Eine Lehrerin in der Fahrschule des Lebens

Ullstein

Besuchen Sie uns im Internet:
www.ullstein-taschenbuch.de

FSC
www.fsc.org
MIX
Papier aus verantwortungsvollen Quellen
FSC® C083411

Originalausgabe im Ullstein Taschenbuch
1. Auflage April 2017

Umschlaggestaltung: semper smile, München
Titelabbildung: © Shutterstock
Satz: KompetenzCenter, Mönchengladbach
Gesetzt aus der ITC Berkeley
Druck und Bindearbeiten: CPI books GmbH, Leck
ISBN 978-3-548-37699-8

An der Fahrschule in meiner Straße laufe ich nun schon seit zwanzig Jahren vorbei. Nie habe ich mir über Fahrschulen Gedanken gemacht. Genauso wie ich zu den Dealern am U-Bahnhof immer »Nein, danke« sage. Fahrschulen und Drogenkauf kamen bisher in meinem Leben nicht vor. Das soll sich nun ändern. Heute betrete ich die Fahrschule Fahrenheit. Die ganze Fahrschule ist eigentlich nur ein Raum. An der Wand hängen ein Kalender von einem Reifenhersteller und eine Uhr. An einer Seite stehen zwölf unbequem aussehende schwarze Plastikstühle und an der anderen ein langer Schreibtisch, hinter dem ein junger Mann sitzt. Von der Decke hängt ein Beamer. Der Freund begleitet mich. Wir setzen uns auf die zwei Stühle vor dem Schreibtisch. Der junge Mann sitzt uns gegenüber. Er ist sehr dünn und sehr jung. Er sieht aus, als sei er erst vor ein paar Monaten volljährig geworden. Ich bekomme sofort mütterliche Gefühle.

»Ich will einen Führerschein machen.«

»Na, da sind Sie hier ja genau richtig«, sagt er, und ich nehme mir ein Zitronenbonbon aus dem Glas neben seinem Computer. Ich kann nicht anders. Ich muss alles nehmen, was umsonst ist. Er fragt mich, ob ich mich mit dem ganzen Prozedere schon auskenne. Ich sage: »Nö.« Ich hatte extra versucht, möglichst wenig über die ganzen Verordnungen und Anmeldevoraussetzungen zu lesen, denn ich hasse es, mich über Sachen zu informieren, die ich schon weiß. Nichts ist schlimmer, als wenn dir jemand etwas erklärt, das du schon gründlich im Internet recherchiert hast. Natürlich kannte ich doch schon ein paar Eckpunkte. Ich komme zum Beispiel um diesen Erste-Hilfe-Kurs nicht rum. Ich höre mir also an, was noch ansteht.

Er sagt was von »Dann holen Sie sich einen Termin beim Bürgeramt«. Ich denke: Oh, das wird schwierig, sind die nicht zurzeit total überlastet? Er erzählt vom Theorieunterricht und von den Fahrstunden.

»Wie? Sie meinen, ich werde Fahrstunden bekommen, ohne vorher irgendwelche Verkehrsregeln gelernt zu haben?«

»Ja.«

»Aber ich kann doch nicht, ohne was zu wissen, am Straßenverkehr teilnehmen.« Ich verstehe nicht mal die Vorfahrtsregeln. Ich kenne mich mit Ampeln aus, aber das ist es dann auch schon. Ich fahre ja nicht mal Fahrrad. Und dieses Rechts-vor-links … Ich weiß doch nie, wo rechts ist. Wenn ich mit jemandem im Auto sitze und den Weg angeben soll, dann muss ich immer in die Richtung zeigen, in die wir fahren müssen. Wie soll das denn dann auf der Straße werden? Na, die werden schon wissen, was sie machen.

»Und wie lange wird das Ganze ungefähr dauern?«, frage ich.

»Sie meinen, wie viel es kosten wird?«

»Nein, ich meine, wie lange es dauern wird.«

Der junge Mann beugt sich auf seinem Bürostuhl vor. Guckt den Freund an und grinst: »Auto fahren ist ja auch gar nicht so leicht.«

Der Freund nickt. Ich frage mich, woher er das wissen will. Mein Freund hat auch keinen Führerschein. Darum ist er ja mitgekommen. Die Idee war, dass wir uns beide anmelden und beide den Führerschein machen. Aber dann der Rückzieher: »Mach du das lieber alleine. Du bist doch jetzt im Sabbatjahr und brauchst eine Beschäftigung, wenn du nicht zur Schule gehst. Dann ist das DEIN Projekt. Ich fahre einfach immer mit dir.« Ich hatte gehofft, dass er sich das in der Fahrschule vielleicht noch mal überlegt. Hat er aber nicht, denn jetzt wäre der Moment zu sagen, dass er keinen Führerschein hat und auch einen machen möchte. Aber er lächelt nur. Mit meinem führerscheinlosen Freund kann sich der junge Fahrschulangestellte jedenfalls nicht verbünden. Ich warte immer noch darauf, dass er mir sagt, wie lange es dauert, so einen Führerschein zu machen.

Der junge Mann sieht wieder zu mir, lächelt und sagt: »Wir unterteilen die Fahrschüler in zwei Gruppen. Die unter 30 und die über 30.« Kurze Pause. Dann: »Sie sind doch über 30, oder?«

Ich freue mich über sein »oder«, denke dann aber sofort: Natürlich bin ich über 30, du kleiner Schleimer. Ich bin bald über 50, und das ist dann auch nicht mehr weit weg von über 60.

Okay, ich gehöre also zu der Gruppe über 30. Die mit dem festen Job, die mit der Rentenversicherung, die mit der großen Wohnung und der billigen Miete. Wir, die vernünftigen Überdreißigjährigen. Die alles schaffen und die Welt am Laufen halten. Wir machen doch den Führerschein mit links, auch wenn wir vielleicht nicht wissen, wo links ist. Aber bei diesen Jungspunden mit Anfang zwanzig, ach, was sag ich: diesen 17-Jährigen, die noch zur Schule gehen –, bei denen dauert das Ganze natürlich länger. Wir wissen doch, wie schwer sich junge Leute mit neuem Lernstoff tun. Wie oft versuche ich, meinen 17-Jährigen das Simple Past beizubringen, und sie raffen es einfach nicht.

Dann erzählt mir dieser Typ allerdings, dass es erwiesenermaßen sehr viel schwieriger sei, irgendwas zu lernen, wenn man über 30 ist. Ich denke: Häh? Spinnt der? Ich bin doch nicht blöder als so ein 17-Jähriger! Der kennt mich doch gar nicht. Ich habe Aquagymnastik gelernt und Snowboardfahren, Unterrichten, Lehrerinsein, mich in den Ferien zu erholen und was weiß ich noch. Ich werde doch wohl auch Autofahren lernen können, auch wenn ich in seinen Augen schon halbtot bin.

Ich habe mich noch gar nicht von dem Schock erholt, da beschreibt er schon das Fahrlehrer-Sortiment.

»... und dann haben wir noch einen älteren, der sehr geduldig, ruhig und einfühlsam ist.«

Ich denke: Pfff, mit dem Langweiler will ich aber nicht im Auto sitzen. Ich will einen jungen Typen.

»Genau. Also der ist wirklich sehr, sehr geduldig, und der wird sehr gerne von den älteren Fahrschülern genommen.«

Ich sage nichts mehr. Unterschreibe alles, was er mir über den Tisch schiebt. Na warte, dir werde ich es noch zeigen. Von wegen erwiesenermaßen. Du wirst schon sehen, wie schnell ich dieses Autofahren lernen werde. Aber ich werde auf keinen Fall sagen, dass ich Lehrerin bin. Eine Lehrerin über 30. Oh Gott. Ich kann mir schon vorstellen, was die dann denken. Nee, ich werde sagen, dass ich Rodeos reite und ein Hip-Hop-Label habe, bei dem ich selbst der große

Star bin. Ach, ich werde gar nichts sagen. Ich gehe da einfach hin, lerne Auto fahren – fertig.

Meine Freundin Frau Dienstag ist eine begeisterte Autofahrerin. Sie hat ein eigenes Auto und fährt jeden Morgen damit zur Arbeit. Sie ist auch Lehrerin, und ihr Auto ist silbern. »Warum hast du eigentlich keinen Führerschein?«, fragt sie mich abends, nachdem ich ihr erzählt habe, dass ich mich bei der Fahrschule angemeldet habe. »Den brauchte man doch in Berlin nicht. Und in den Achtzigern war das auch gar nicht so angesagt, das Autofahren. Vielleicht erinnerst du dich daran.« Sie schüttelt den Kopf, als höre sie das zum ersten Mal. Sie kommt auch nicht aus Berlin. »Wegen der Umwelt und so. Und außerdem hatte ich immer einen Freund, der ein Auto oder ein Motorrad hatte.«

Sie grinst: »Ja, bis du den einzigen Mann ohne Führerschein kennengelernt hast.«

»Stimmt. Aber jetzt wird ja alles anders. Ich gehe am Sonntag zum Erste-Hilfe-Kurs und hab nächste Woche schon die erste Fahrstunde.«

»Du fährst, bevor du die Theorie hattest?«

»Ja.«

»Krass!«

Erste Hilfe (26,90 Euro)

»Wir können uns hier ja alle duzen, oder? Wir sind ja in der Freizeit hier.« Das Mädchen steht vor dem Whiteboard und strahlt uns an.

Freizeit. Nach Freizeit fühlt sich das ganz und gar nicht an. Wir sitzen in einem schlecht gelüfteten Raum im zweiten Stock eines Neubaus. Draußen regnet es. Der Stuhl ist unbequem, und ich trage ein Namensschild. Diese jungen Leute, die heute den Erste-Hilfe-Kurs mit uns machen sollen, lächeln alle und sprechen uns permanent mit unseren Vornamen an. Dafür die Namensschilder. Es ist Sonntagmorgen, und ich war die einzige Person auf der Straße. Die U-Bahn war auch leer. Wir sind ungefähr zwanzig Teilnehmer, und alle hängen müde auf ihren Stühlen. Die drei Kursleiter sind dagegen hellwach und aufgekratzt, als wäre das hier die geilste Party ihres Lebens.

»Wir machen erst mal zur Auflockerung ein Kennenlernspiel.« Eigentlich bin ich ein großer Freund von Kennenlernspielen. Aber nur, wenn ich sie durchführe und nicht mitmachen muss. Und was sage ich dann? Wie soll ich mich denn vorstellen? Ich sage auf keinen Fall Lehrerin, und auch mein Alter werde ich verschweigen. Ich sage, ich bin Fleischerin, Modedesignerin, Finanzbeamtin oder so was.

»Genau. Also sagt euren Namen und eure Hobbys, und dann stellt ihr euch gegenseitig vor. Verstanden?«

Puh, okay, ohne Beruf und Alter. Glück gehabt. Neben mir

sitzt ein Junge mit Undercut. Er dreht sich schüchtern zu mir und sagt: »Dann machen wir also zusammen.« Ich grinse ihn an und nicke. »Und, Jonas, hast du schon eine Fahrstunde gehabt?«

»Nee, erst morgen.«

Die gutgelaunte Kursleiterin – sie sieht aus wie eine Achtklässlerin – stellt sich in die Mitte des Raumes: »Und? Fertig?«

»Ach so, was sind denn deine Hobbys, Jonas?«

»Fußball und Zeichnen. Und Ihre?«, fragt er. Und ›Ihre‹? Warum siezt der mich? Ich dachte, wir sind hier alle in der Freizeit und duzen uns so ganz locker. Egal. Wir sollen unsere Hobbys nennen. Oh Gott, Hobbys. *The Walking Dead*? Ist das ein Hobby? Rauchen? Soll ich jetzt mit dem Rodeo kommen? Was, wenn die dann nachfragen?

»Äh, Lesen und Verreisen.« Hab ich das wirklich gesagt? Lesen und Verreisen? Die lahmsten Hobbys, die man sich denken kann. Und sind wir doch mal ehrlich, eigentlich rauche ich doch viel mehr, als ich verreise, und ich gucke auf jeden Fall viel mehr Serien als in irgendwelche Bücher. Aber jetzt ist es zu spät. Da muss ich jetzt durch. Ich bin die mit den langweiligen Hobbys. Ich bin sicher, dass die drei Brüder hinter mir nicht ›Lesen‹ sagen. Vielleicht müssen wir das gar nicht laut sagen, denke ich noch, aber da zeigt das Kursleitungsmädchen schon auf die beiden jungen Frauen, die ganz links sitzen.

»Ja, also, das ist die Lena, sie ist 17 Jahre alt, und ihre Hobbys sind Hip-Hop-Tanzen und Mangas.«

Was soll das mit dem Alter? Das sollten wir doch gar nicht sagen.

»Und das ist die Sina-Marie, und sie ist auch 17, und ihre Hobbys sind Surfen und sich mit Freunden treffen.«

Mist, ich komme um das Alter nicht rum und beuge mich zu Jonas, um ihm noch schnell mein Alter mitzuteilen. »Ich bin übrigens Mitte vierzig.«

»Das hier ist Jonas. Er ist 17, und seine Hobbys sind Fußball und äh …« Mist, kann ich mir nicht mal zwei Sachen merken? War das jetzt auch Lesen? Oder Computerspiele? Jonas sieht aus wie Vincent aus meiner Klasse, und der spielt immer Computerspiele. Spielen die in dem Alter nicht alle immer nur Comp…

»Zeichnen«, flüstert Jonas.

»Ah ja, richtig. Seine Hobbys sind Fußball und Zeichnen.«

Als sich alle vorgestellt haben, ist klar, dass ich die Allerallerälteste im Raum bin. Selbst der Typ hinten rechts mit der Glatze ist noch wesentlich jünger als ich. Während ich noch im Kopf ausrechne, ob ich nun dreimal oder viermal älter bin als Lena und Sina-Marie, geht der Kurs auch schon los. Alles zum Helfen. Muss man helfen, wie hilft man, wer hilft, Strafgesetzbuch, Studien, brennendes Haus, Verkehrsunfall, und dann kommt irgendwann eine fünfminütige Pause und ich denke: Das überlebe ich nicht. Nicht sechs Stunden. Ich kann jetzt schon nicht mehr zuhören. Ich brauche mehr Action. Mit dem Gedanken gehe ich nach zwei Zigaretten – wenigstens kann ich schneller rauchen als diese Kinder hier – zurück in den Raum. Und weil ich mich so langweile, melde ich mich immer als Erste, wenn ein Freiwilliger gesucht wird. Ich ziehe Karten, ich springe auf und zeichne Punkte an das Whiteboard. Wenn Fragen gestellt werden, schreie ich die Antworten, ohne mich zu melden, sofort in den Raum. Ich bin das erste Opfer, an dem die stabile Seitenlage ausprobiert wird. Sobald die Matte ausgerollt ist und die Kursleiterin sagt: »Jetzt bräuchten wir einen Freiwilligen«, schmeiße ich mich schon nach dem »Jetzt« auf den Boden und rolle mich in eine möglichst authentische Verletztenposition. Als Verletzter liegt man ja nicht so ganz gerade und gemütlich wie im Bett, sondern mit ausgestreckten Armen und ein Bein eingeknickt über dem anderen oder ein Arm über dem Kopf und der andere angewinkelt über dem Bauch. Ich will hier nicht nur mitmachen – ich will auch alles besonders gut machen.

Ich presse der armen Little Anne mein ganzes Körpergewicht auf den Brustkorb, beatme sie mit solch einer Hingabe, dass ich selbst etwas überrascht bin, dass sie nicht aufsteht und sich bei mir bedankt. Ich bin voll dabei. Und jetzt mal ganz ehrlich – ich bin auch in allem voll gut. Mein Dreieckstuch ist definitiv besser als das von Hassan hinter mir. Drei Verletzte liegen auf dem Boden, und drei Ersthelfer knien neben ihnen.

»Okay, du findest einen Verletzten auf der Straße. Was machst du zuerst?«, fragt einer der Anleiter Eran, der neben mir hockt. »Äh, äh, also gucken, fragen …«

»Genau. Ansehen, ansprechen, anfassen … und dann?«

Eran überlegt. Oh Mann. Ansehen, ansprechen, anfassen, nach Hilfe rufen. Das ist doch nicht so schwer. Eran überlegt immer noch. Grinst. Ich flüstere: »112.« Dann sagt er erleichtert: »Ah ja. Angucken, reden, anfassen und Feuerwehr.« Hoffentlich wird Eran nie mein Ersthelfer.

Nach sechs Stunden bin ich nicht nur schlauer und total

verschwitzt – Verkehrsopfer ohne Helm, Verunglückter mit Helm, Rettungsgriff an Hassan und Sina-Marie demonstriert … Nein, ich habe auch festgestellt, dass das überhaupt nicht stimmt, dass man mit über 30 so Schwierigkeiten hat, etwas zu lernen. Ich war definitiv besser als die 17-Jährigen.

1. Woche (222,80 Euro)

Heute habe ich meine allererste Fahrstunde. Ich bin aufgeregt und sehr gespannt auf den Fahrlehrer. Was soll ich denn anziehen? Der erste Eindruck ist doch wichtig. Na, mit Jeans, Kapuzenpulli und flachen Winterstiefeln kann man nichts falsch machen. Mit hochhackigen Schuhen soll man bestimmt nicht Auto fahren. Auf jeden Fall darf ich nicht so aussehen, als hätte ich mir zu viele Gedanken über mein Outfit gemacht. Ich lasse mal ein Hosenbein über dem einen Stiefel und zieh das andere runter. Das sieht dann sehr lässig und auf keinen Fall nach vielen Vorüberlegungen aus. Es ist wichtig, was der Fahrlehrer von mir hält. Schließlich sitze ich ja ab jetzt wochenlang mit dem im Auto.

Fünfzehn Jahre Lehrerin, und auf einmal bin ich Schülerin. »Wir nähern uns der Fahrertür immer von vorn. Warum? Damit wir den vorbeifahrenden Verkehr im Auge haben.«

Fahrlehrer Harald fragt gerne Sachen, die er sich dann selbst beantwortet. Bis wir im Auto sitzen, grinse und nicke ich eigentlich nur immer wieder und sage »Aha« und »Ach so«. Ich versuche, freundlich rüberzukommen und einen guten Eindruck zu machen. Harald ist wahrscheinlich so alt wie ich, sieht aber älter aus. Er trägt eine Antiklederjacke.

»Hast du schon mal darüber nachgedacht, den Führerschein nur für Automatik zu machen?«, fragt er.

»Nee, hab ich nicht und will ich auch nicht.«

»Na ja, schalten ist nicht zu unterschätzen«, sagt er,

obwohl ich das Schalten gar nicht unterschätzt habe. Wie käme ich denn dazu? Aber ich will nicht nur Automatik. Haben Sie sich schon mal überlegt, nur den Hauptschulabschluss zu machen? Haben Sie sich mal überlegt, nur eine halbe Packung Zigaretten zu kaufen? Nee, ich will das ganz Normale. Ich will das, was alle haben. Ich will schalten. Aber bevor ich auch nur irgendetwas im Auto anfassen darf, wird mir jeder eingebaute Pups in dem Fahrzeug erklärt. Ich darf die Spiegel einstellen. »Du musst den Türgriff in der unteren rechten Ecke sehen können.« Ich drücke auf die Taste mit den Pfeilen. Der Spiegel dreht sich nach außen. Okay, rechts, das muss nahe am Auto sein. Alles andere macht keinen Sinn. Das sind jetzt Sachen, die ich nie mehr vergessen werde. »Du musst den Türgriff in der unteren rechten Ecke sehen können.« Von heute an werde ich alle Seitenspiegel in allen Autos, die ich noch fahren werde, so einstellen. Hoffentlich erzählt mir Harald keinen Scheiß. Er sagt auch, ich soll nicht auf den Rückspiegel fassen.

»Der Blinker.« Erklär, erklär, ich darf den Blinker anmachen. Links blinken, rechts blinken, links blinken, rechts blinken. Ich warte auf ein mich austricksendes links, links, aber das kommt nicht. »Das ist das Radio. So geht das aus und an, und die Sender …« Ich habe schon mal ein Radio gesehen. Sogar schon mal bedient. Sogar schon ein Autoradio bedient. Harald nimmt es mit der Einführung sehr genau. Wir sitzen eine Stunde nebeneinander, und er erklärt mir, wie Mercedes irgendwas gebaut hat, und im Gegensatz zu Opel sei es bei VW ja immer so oder so, und hier ist die Heizung, und da geht der Sitz nach vorne und nach hinten und nach unten und nach oben.

Harald muss das machen. Er muss mir alles erklären. Aber auch wenn ich keinen Führerschein habe – ein Auto habe ich schon mal gesehen. Auch schon in einem gesessen, und als er mir erklären will, wie ich mich anschnallen soll, da kann ich nicht anders und sage, dass ich mich schon mal angeschnallt habe, auch wenn der Stecker da auf der anderen Seite war. Anschnallen kann ich.

Und dann geht es los. Ich soll nur lenken. Wir gurken im Schritttempo durch die Gegend, und ich lenke. Enge Straße, Kopfsteinpflaster. Harald gibt Gas, und ich lenke. Geradeaus und nach links und nach rechts, und es geht eigentlich ganz gut. Ich streife kein parkendes Fahrzeug und fahre auch nicht in den Gegenverkehr. Verrückt, dass ich in einem richtigen Auto am Steuer sitze. Wenn mich jetzt Frau Dienstag sehen könnte. »Guck, guck, ich fahre!«

Nach zehn Minuten sind wir fertig. Harald parkt den Wagen. Wir steigen aus und rauchen. Ich finde, ich war okay für das erste Mal. Harald sagt erst mal nichts. Wir rauchen. Dann sagt er: »Na ja, war ja gar nicht so schlecht. Mal sehen, wie du dich beim Schalten anstellst. Auto fahren ist ja auch schwerer, als in einen Laden zu gehen und ein Buch zu kaufen.«

Ja, stimmt. Buch kaufen ist nicht so schwer. Er hat recht. Auto fahren ist bestimmt schwerer. Glaubt Harald, dass ich denke, ein Buch kaufen und Auto fahren sind gleich schwer? Denkt er, ich kaufe nur Bücher und mache sonst nichts? Er hat mich gar nicht gefragt, was ich mache, und wenn er gefragt hätte, dann hätte ich bestimmt nicht gesagt, dass ich den ganzen Tag Bücher kaufe.

Ich sage: »Stimmt. Auto fahren ist bestimmt schwerer.«

Wir verabschieden uns, und ich gehe nach Hause. Es gibt viele Sachen, die schwerer sind als andere Sachen. Alleine um die Welt zu segeln ist zum Beispiel schwerer, als Wasser zu kochen, und ein Haus zu bauen ist schwerer, als einen Grießbrei zu machen. Aber was wollte er mir damit sagen? Dieser Harald ist irgendwie komisch.

Am Abend erzähle ich Frau Dienstag von Harald. Aber sie bedauert mich vor allem, weil ich zum Theorieunterricht muss. »Du Arme. Wie oft ist das denn?«

»Ich glaube, es sind insgesamt vierzehn Themen. Das geht immer drei Stunden.«

»Drei Stunden?! Auweia! Voll anstrengend. Das lange Sitzen, und dann ist es bestimmt total langweilig.« Sie ist sichtlich erschüttert. Das Mitleid tut gut. Zu dem ganzen Mitleid mischt sich allerdings auch ein bisschen Freude und Erleichterung darüber, dass sie nicht gezwungen wird, endlose Abende in diesem kargen Fahrschulraum zu verbringen. Diese Genugtuung will ich ihr aber nicht geben.

»Ach, mir macht das lange Sitzen gar nicht so viel aus. Und ich lerne da ja auch was. Wichtige Sachen, die ich zum Autofahren brauche.« Frau Dienstag macht eine wegwerfende Handbewegung. »Pfff, das ist alles richtig langweilig, und du vergisst das sowieso sofort wieder.«

»Meinst du?«

Sie nickt. Komisch, dass ich von einer Lehrerin bedauert werde, etwas lernen zu dürfen.

Am nächsten Abend ist es dann so weit. Ich denke: Ich sag nichts. Ich setze mich einfach nur hin und höre zu. Vielleicht schreibe ich ein bisschen mit, aber sagen werde ich nichts. Gar nichts. Es gibt immer Leute, die gar nichts sagen.

Die kommen rein, setzen sich hin, sind dabei, und am Ende gehen sie wieder und haben gar nichts gesagt. Nicht ein Wort. Ich will auch so sein.

Mit dem festen Vorsatz, mich diesmal absolut zurückzuhalten, begebe ich mich in meine erste Theoriestunde. Ich nicke den Anwesenden zur Begrüßung zu. Ich werde nicht mal »Guten Abend« oder »Hallo« sagen. Von mir hören sie nichts! Ich werde eine von diesen stummen, undurchschaubaren Personen sein. Mit neutralem Gesichtsausdruck. Wo man nicht weiß – findet die das jetzt gut oder schlecht? Undurchschaubar, weil stumm und emotionslos. Emotionslos – ja!

Es fängt an. Wir sehen einen Film. Einen Film über Autos. Der Film ist länger als nötig. Der Fahrlehrer verschwindet im Hinterzimmer. Niemand sagt etwas. Ich beginne, mich zu langweilen. Ist kein Actionfilm, und lustig ist er auch nicht. Autofahrer werden interviewt, und jeder sagt, dass er ein guter Fahrer sei. Ich sehe mich um. Der Raum ist anregungsarm, ich gucke mir den Kalender an. Es ist so einer, bei dem man ein kleines Kästchen über die Zahlen schieben kann, um den Tag einzustellen. Das Datum stimmt nicht. Heute ist zwar Oktober, aber nicht der zweiundzwanzigste, sondern der vierundzwanzigste.

Dann kommt der Fahrlehrer wieder. Er sitzt vor uns und erzählt uns etwas über Alkohol, Drogen, Handys, Vollkasko, Teilkasko, Insassenversicherungen und Schutzbriefe, und dann fragt er, was man tut, wenn man zu müde wird beim Fahren.

Ich sag nichts! Ich werde nichts sagen. Er fragt noch mal. Niemand meldet sich. Ich werde mich weder melden noch was sagen. Und dann höre ich mich plötzlich sagen: »Na, auf keinen Fall Kaffee trinken!« Es ist einfach so aus mir herausgeplatzt. Ich wollte das gar nicht sagen. Ich wollte doch unauffällig meine Zeit absitzen.

Der Fahrlehrer grinst. Ich meine – Kaffee, ist doch klar. Jeder trinkt Kaffee, wenn er müde ist, aber hier wird Kaffee nicht akzeptiert. Und dann nickt der Fahrlehrer, und wir erhalten einen kurzen Vortrag darüber, dass Kaffee eben nicht wach macht. So ein Quatsch. Kaffee macht wach. Aber Kaffee ist böse. Tee auch und Energy-Drinks ebenfalls. Von Zigaretten wollen wir gar nicht erst anfangen.

Und ab da kann ich mich nicht mehr zurückhalten. Jeden Satz muss ich kommentieren. Überall meine schlechten Witze beisteuern. Wenn ich was höre, dann sucht mein Hirn einen passenden Witz zu dem Satz, und auch wenn ich das nicht will, sage ich den dann. Das ist wie kotzen. Man denkt noch: Nein, nein, und schon ist es passiert.

Die erste Theoriestunde, und Oma ist schon jetzt der Klassenclown. Na toll. Um meinen Witzemachdrang ein bisschen zu kontrollieren, habe ich angefangen mitzuschreiben. Das ging dann. Aber nur kurz. Die Pausen waren ganz schlimm. Ich werde mich nächstes Mal einfach nicht zu den anderen stellen.

Ich war total der Schüler. Mit all seinen negativen Eigenschaften. Unkonzentriert, habe ständig auf mein Handy geguckt, mich nicht gemeldet, wenn ich was sagen wollte, mit meinem Nachbarn geflüstert, und ich bin sicher, das nächste Mal komme ich bestimmt zu spät und bekritzele die Tische. Oh Gott.

Ein paar Tage später habe ich meine zweite Fahrstunde bei Harald. Ich komme in die Fahrschule, und Harald sitzt am Schreibtisch und dreht sich eine Zigarette. Er gibt mir den Autoschlüssel. »Geh schon mal vor, und stell die Spiegel und den Sitz ein. Der Wagen steht die Straße runter auf der linken Seite. Ich komm dann gleich nach.« Welches Links meint er denn? Das von der Fahrschule aus gesehene Links, wenn man auf die Straße guckt, oder das Links, das man sieht, wenn man vor der Fahrschule steht? Durch die Scheibe sehe ich Harald, wie er in eine Richtung zeigt. In die gehe ich. Okay, jetzt noch das Auto finden. Das war blau. Das weiß ich noch, und »Fahrenheit macht fahrbereit« steht auf der Autotür. Ich könnte auch auf den Schlüssel drücken und gucken, an welchem Wagen die Lichter angehen. Irgendwann sitze ich im Auto, Türgriff in der untersten rechten Ecke, nicht auf den Rückspiegel fassen – fertig. Wo ist Harald? Es ist schon fünf nach drei. Die Fahrstunde sollte um drei anfangen. Ich schnalle mich an. Der Rückspiegel könnte doch noch ein bisschen besser eingestellt werden. So. Acht nach drei. Ich drehe mich um und gucke die Straße runter. Kein Harald. Vielleicht mache ich das Radio an. Nee, dazu muss ich den Motor einschalten. Am Ende fährt das Auto dann einfach los. Wo bleibt dieser Harald? Es wird immer später. Um zehn nach drei steht er neben dem Auto, schmeißt seine Zigarette auf den Boden, tritt sie aus und öffnet die Tür. Er kontrolliert die Spiegel, schnallt sich an, und dann geht es los.

Kupplung treten, Kupplung kommen lassen, Schleifpunkt abwarten, anfahren, bremsbereit sein. Erster Gang, zweiter Gang, dritter Gang, Gas geben, bremsen. Dann sagt Harald, dass ich rechts ranfahren und den Motor abstellen soll. Wo ist das Problem? Das Problem sitzt neben mir und erklärt mir eine Viertelstunde lang, wie die Kupplung aufgebaut ist, warum sie funktioniert, wie sie funktioniert. Schaubilder, Zeichnungen, Beschriftungen.

»Die Kupplung dient dazu, den Kraftfluss zwischen Motor und Schaltgetriebe zu unterbrechen, wenn der Gang gewechselt wird oder das Fahrzeug mit laufendem Motor stehen soll. Beim Anfahren wird mit der ›schleifenden‹ Kupplung die reibschlüssige Verbindung kontinuierlich erhöht, bis der vollständig eingekuppelte Zustand erreicht ist.« Harald hat ein kleines Heft aus dem Handschuhfach geholt und zeigt auf eine Zeichnung mit Scheiben und Stangen. »Zum Wechseln der Getriebestufen, also der Gänge, muss die Drehmomentübertragung unterbrochen werden, damit das gewünschte Zahnradpaar, also der jeweilige Gang, in gegenseitigen Eingriff gebracht werden kann. Bei den heutigen Synchrongetrieben erfolgt die dazu notwendige Drehzahlanpassung der beiden Zahnräder mit Hilfe von Synchronringen.« Wieder zeigt er auf irgendwas. Ich gucke unauffällig auf die Uhr. Es ist fünfzehn Uhr vierundvierzig. Dann redet er von Getriebe und Drehzahlunterschieden, Motorkurbelwellen und Schwungscheiben.

Ich bin schon längst geistig ausgestiegen. »Willkommen an Bord der Boeing 737. Bevor wir starten können, wird Ihnen der Captain erklären, warum ein Flugzeug fliegen kann.« Ja, ja, ist wichtig. Aber Kurbelwellen und Schwungscheiben? Muss man das wissen? Ich verstehe so viele Sachen nicht und benutze sie trotzdem. Computer. Hallo? Alles nur mit 0 und 1? Häh?

Ich halte das Kupplungsgelaber aus. Stoisch. Kostet mich wahrscheinlich 20 Euro. Immer wieder schiele ich auf die Uhr. Ich möchte rauchen, aussteigen, meine Beine strecken oder wieder Auto fahren!

Und dann fahren wir endlich weiter. Ich lenke und schalte! Harald lässt mich einfach machen. Nicht ein Mal würge ich den Motor ab. Oder passiert das bei den modernen Autos gar nicht mehr? Das mit dem Fahren klappt gut. Nur, was nervt, sind die ganzen Autos überall. Vor allem die parkenden stressen mich, weil ich ständig denke, dass ich an denen langschleife. Obwohl, die fahrenden sind auch nicht besser. Kommen mir entgegen, wechseln direkt vor mir von einer Seite zur anderen, halten in der zweiten Reihe. Ungemütlich. Von den Fahrradfahrern und den Fußgängern mal ganz zu schweigen. Gewöhnt man sich daran? Bestimmt. Und dann sagt man sich: Auto fahren ohne andere Verkehrsteilnehmer, pah, voll langweilig. Über wen sollte man sich denn dann aufregen?

Zum Abschied sagte mir Harald, dass die älteste Fahrschülerin über 60 gewesen sei und auch über ein Jahr gebraucht hätte. »Aber jetzt hat sie ihren Führerschein. Und fährt täglich durch die Gegend.« Ich denke: auch? Meint Harald, ich brauche über ein Jahr?

»Auweia, das ist bestimmt voll schwer für dich, Fahren zu lernen«, sagt Frau Dienstag. Wir sitzen auf meiner Yogamatte und warten auf die Pilateslehrerin. Sie kommt wieder mal zu spät. »Wieso schwer? Ich hab das heute ganz gut gemacht.«

»Ja, aber in deinem Alter …« Jetzt fängt die auch noch damit an. »Ich habe mal gehört, dass man so viele Stunden braucht, wie man alt ist. Also jemand mit 18 braucht 18 Fahrstunden.«

»Echt?«

Oh Mann, das wären ja dann fast 50 Stunden. Und wie teuer das wird. Jede Stunde kostet 50 Euro, das sind dann …

Eine ältere Frau dreht sich zu uns: »Man sagt Alter plus zehn Stunden.«

Frau Dienstag grinst. »Da hörst du es.«

Krass, das wären dann ja fast 60 Fahrstunden. Das ist doch Blödsinn. Niemand braucht so viele Fahrstunden. Nicht mal in meinem Alter. Ich schaffe das bestimmt mit zwanzig Stunden.

»Nicht schlecht«, sagt Harald in der dritten Fahrstunde, »ich muss wirklich sagen, dass du dich anstellst wie eine 18-Jährige.« Ich werte das sofort als das größte Lob, das man einer alten Frau wie mir machen kann. Als er dann auch noch seinen Vorschlag, ich solle doch lieber nur Automatik lernen, zurücknimmt, bin ich im siebten Himmel und würge vor lauter verwirrter Freude zum ersten Mal den Motor ab. Den darauffolgenden Vortrag über das Absaufen lasse ich immer noch freudestrahlend über mich ergehen.

»Weißt du, warum ich das mit der Automatik gesagt habe?«, fragt Harald. Natürlich weiß ich das. Weil man in meinem Alter statistisch gesehen, also wissenschaftlich erwiesenermaßen, gar nichts mehr lernen kann.

»Kannst du dir vorstellen, warum ich das gesagt habe?«

Ich schüttele den Kopf. »Nee. Warum?«

»In deinem Alter brauchen die Leute wirklich sehr, sehr lange, um das zu lernen. Aber bei dir geht das ja wirklich gut.« Gleich sagt er, dass er so was noch nie erlebt hat und mich nächste Woche zur Prüfung anmelden wird. Aber er sagt nur: »Vorne Fuß vom Gas und rollen lassen.«

Ich lasse rollen. Ich gebe Gas, und ich lenke. Ich fahre niemanden um, obwohl ich die Chance dazu gehabt hätte. Montag habe ich wieder Fahrstunde. Macht Spaß. Das wäre ja auch noch schöner, wenn es keinen Spaß machen würde. Ist ja schließlich auch voll teuer. Jetzt hatte ich in einer Woche drei Fahrstunden. Ich will auch möglichst schnell fertig werden. Bis Weihnachten möchte ich den Führerschein haben. Das sind acht Wochen. Wenn ich immer zwei oder drei Stunden in der Woche nehme und die Theorie schnell hinter mich bringe … dann … oh Mist, morgen kann ich gar nicht zu Thema fünf und sechs gehen. Da bin ich schon verabredet. Okay, muss ich das nachholen. Aber danach wird durchgezogen!

2. Woche (326,80 Euro)

»Kinder haben keine Bremsen.« »Alte Leute bleiben vielleicht auf der Straße stehen, und Blinde sehen nichts.« Zum Glück lerne ich diese Weisheiten in meinen Theoriestunden. Die Kinder sind immer die dümmsten Verkehrsteilnehmer, gefolgt von alten Leuten, bei denen man mit allem rechnen muss. Angeblich bleiben die gerne in der Mitte der Fahrbahn stehen oder kehren auf halbem Weg wieder um. Es geht auch viel um den toten Winkel. Dieser tote Winkel muss mich nachhaltig in meiner Jugend fasziniert haben, denn an den erinnere ich mich aus einer »Der siebte Sinn«-Sendung. Schlimmer als die Kinder und die alten Leute sind allerdings die Fahranfänger. Wir sehen Statistiken über Verkehrsunfälle, und die größte Unfallgruppe sind die Fahranfänger. Wir gucken auch kurze Filmchen mit jungen Leuten, die nach einer Party fröhlich im Auto singen und dann gegen einen Baum auf der Landstraße knallen. Ich bin ja auch Fahranfänger, aber ich fühle mich nicht angesprochen. Die Chance, dass ich nächsten Sommer einen Haufen Kids von der Disco nach Hause kutschiere, ist eher gering.

In meiner vierten Fahrstunde fährt Harald mit mir in einem verkehrsberuhigten Bereich, wo man nur dreißig fahren darf. Ab und zu kommen schleichende Autos an uns vorbei, die nicht abbiegen wollen, mit Fahrern, die einen nervös angrinsen. Fahrschulkumpels. Ich freue mich immer, wenn ich sie sehe, wenn wir da so mit unserem Betreuer neben uns durch die Gegend tuckern.

Betreuer trifft es ganz gut. »Jetzt vom Gas, rollen lassen, Kupplung treten, erster Gang, Gas geben …« Harald sagt mir genau, was ich machen soll. Wenn ich mal denke, okay, erster Gang war drin, dann Gas, dann kommt doch Kupplung und dann zweiter Gang. Dann gibt es gleich einen Vortrag, dass ich doch genau das machen soll, was er sagt. Und warum das so wichtig ist und was passieren kann, wenn ich das nicht mache. »Der Straßenverkehr ist nicht zu unterschätzen. Ich kann dir das Autofahren auch nur beibringen, wenn du genau das machst, was ich dir sage.« Dabei will ich doch nur zeigen, dass ich das alles kapiert habe. Soll ich aber nicht. Nun gut. Einparken geht auch. Vor allem, wenn keiner hinter mir steht. »Rückwärts. Langsam, langsam, langsamer! Stopp, dann gucken. Auch nach links gucken, ob noch alles frei ist, dann das Lenkrad hart eindrehen. Nein. Nach rechts. Wo willst du denn hin? Schneller eindrehen! Schneller und fahren! Nicht im Stehen …«

Was mich nervt, sind die Vögel. Radfahrer – okay, die habe ich jetzt schon als völlig brainless auf dem Schirm. Sobald ich einen Radfahrer sehe, stelle ich mir vor, dass er das Allerallerallerbescheuertste tun wird. Wenn er rechts fährt, erwarte ich, dass er nach links kommt. Und meistens machen die das dann auch. Damit kann ich mittlerweile umgehen. Ich stelle mir einfach vor, die sind gerade vom Mars gekommen und wissen gar nichts. Sie haben auch gerade erst Fahrrad fahren gelernt, und dann muss ich mich eben auf sie einstellen. Das geht schon. Baustellen sind auch kein Problem. Aber die Hunde? Warum spricht niemand über diese Hunde, die da auf der Straße sitzen. Also, die sitzen am Rand rum und gucken mich an. Und ich denke: Was denn? Stehst du jetzt auf und gehst über die Straße, oder nicht? Blickkontakt mit denen bringt gar nichts. Überfahren darf ich sie auch nicht, obwohl … Aber die Vögel – da nehme ich nun wirklich keine Rücksicht mehr. Da halte ich frontal drauf. Die Deppen können ja wegfliegen. Vögel: Was wollen die eigentlich? Latschen da über die Fahrbahn. Ich versteh's nicht. Wenn ich ein Vogel wäre, ich wäre immer in der Luft. Keine Autos da oben, und alle denken neidisch: Geil, die können fliegen. Fliegen ist doch viel besser als Auto fahren.

Aber dafür macht Auto fahren mehr Spaß, als zum Theorieunterricht zu gehen. Selbst Autofahrenlernen ist interessanter als die Themen drei und vier, die mich am Abend erwarten. Der Raum ist heute nicht nur kahl und ungemütlich, sondern auch noch kalt. Ich behalte meine Wollmütze auf. Warum machen sie es sich hier nicht ein bisschen schön? In dieser Fahrschule arbeiten nur Männer. Vielleicht liegt das daran. Vielleicht mögen sie es so. So ein bisschen kalt und depressiv. Sie könnten doch Bilder aufhängen. Bilder mit schönen Autos, damit man sich auf etwas freuen kann, während man im Theorieunterricht sitzt. Vielleicht kaufe ich mir das Auto. Oder das blaue da neben dem Fenster, das ist auch schick. Oder nein, dieses schwarze ohne Dach ist cool.

Außer mir ist nur ein junger Mann da. Der Fahrlehrer – heute ein etwas älterer Typ mit Bauch in einem grünen Strickpulli – steht vor der Tür und raucht. Wir warten. Es ist schon fünf nach sieben. Ich bin müde und mir ist kalt. Auf dem Kalender ist immer noch der zweiundzwanzigste Oktober. Langsam trudeln noch ein paar Fahrschüler ein. Ohne besonderen Elan kommen die. Zwei unterhalten sich über die Geschichtsklausur, die sie am Vormittag geschrieben haben. »Ich hab alle Fragen beantwortet. Zum Glück hatte ich mir das Handout noch mal angesehen.«

Dann fangen wir an. Der Beamer projiziert ein Bild an die Wand: Verkehrszeichen und Verkehrseinrichtungen. Ich schreibe alles von der Wand ab. Ich bin die Einzige, die mitschreibt. Vermeidbare Belästigungen, unnötiges Hupen, defekte Auspuffanlage, spielen am Gaspedal usw. Dann erklärt uns der Fahrlehrer die Verkehrszeichen. Die meisten kenne ich, weiß aber nicht, was sie bedeuten. Gefahren-, Vorschrifts-, Verbots- und Zusatzzeichen. Ich skizziere ein Stoppschild – ist schwer, wegen der vielen Ecken –, ich zeichne einen Lkw in einen Kreis. Mist, hätte ich mal farbige Stifte mitgebracht. Nächstes Mal.

Nach der Pause geht es um den sogenannten Vertrauensvorsatz. Der Fahrlehrer sagt: »Wer sich verkehrsgerecht verhält, kann darauf vertrauen, dass sich die anderen auch verkehrsgerecht verhalten.« Er wartet. Wir nicken. Ich schreibe. »Der ideale Fahrer ist gelassen, partnerschaftlich, defensiv und umweltbewusst.« Ich gucke auf die Uhr. Noch fünf Minuten. Morgen Nachmittag habe ich wieder eine Fahrstunde. Das wird super. Ich werde ein idealer Fahrer sein!

Kurz vor meiner fünften Fahrstunde ruft mich Frau Dienstag an: »Na, wie war das Autofahren?«

»Ich hatte heute noch gar keine Stunde. Ich geh aber gleich los.«

»Auweia, im Dunkeln.«

»Na und? Ich muss doch auch im Dunkeln Auto fahren können. Außerdem kann mir gar nichts passieren, wenn ich mich verkehrsgerecht verhalte.«

»Wieso?«

»Hallo? Der Vertrauensvorsatz?« Davon hat sie noch nie gehört. Wie soll das denn dann funktionieren, wenn die Leute, die vor zwanzig Jahren ihren Führerschein gemacht haben, gar nicht den Vertrauensvorsatz gelernt haben? Die wissen doch dann überhaupt nicht, wie sie sich verhalten sollen. Komisch. Egal. Ich freue mich auf meine Fahrstunde und darauf, der perfekte verkehrsgerechte Autofahrer zu sein. Gutgelaunt gehe ich zur Fahrschule.

Aber dann: Scheiß-kack-fuck-Fahrunterricht. Verkackte Dämmerung, in der man gar nichts sieht. Scheiß, fucking andere Autos, die immer in der zweiten Reihe parken müssen. Immer einladen und ausladen, scheiße, scheiße, scheiße.

»Warum hältst du denn jetzt an?«

»Ich weiß auch nicht.«

Harald verdreht die Augen. Ich sehe es nicht, aber ich weiß, dass er das macht. Ich hasse Auto fahren. Ich hasse Dunkel. Alles blendet, trotzdem sieht man gar nichts. Und dann noch Regen! Regen – Scheiß-kack-fuck-Regen! Scheiß-super-ausgeleuchteter-Radfahrer mit Helm – wer denkt er, wer er ist? Leuchtet wie ein Weihnachtsbaum und fährt dann wie Sau an mir vorbei. Wenn ich nicht dauernd grundlos anhalten würde, hätte ich den voll erwischt. Den Kacker. Radfahrhelmkacker.

»Das war nicht der dritte Gang, das war der fünfte.« Scheißgangschaltung. Scheißauto.

»Siehst du, darum hatte ich vorgeschlagen, dass du erst mal mit Automatik …«

Buuuuullshit! Das hast du doch vorgeschlagen, weil ich schon so alt bin, und nicht, weil ich mich nach fünf Stunden in der kompletten Finsternis im Regen mal verschaltet habe! Sei doch wenigstens ehrlich. Scheiß-kack-doofer-Fahrlehrer.

Ich will überhaupt nicht Auto fahren. Sooo ein Stress. Wer braucht das denn? Ich brauchte das doch nie. Warum denn jetzt? Ich werd das nie lernen. Ich höre auf damit. Diese Scheiße macht auch gar keinen Spaß. Und was da alles noch kommt … Autobahn – pah, drauf geschissen. Fahrt doch alleine auf eurer doofen Autobahn. Ich fahr Bus. Wie konnte ich nur so doof sein und den Führerschein machen wollen? In meinem Alter! Ist doch klar, dass ich das nicht mehr packe. Ich kann gar nichts mehr lernen. Ich bin schon auf dem Rückweg. Ab 30 wird nur noch verlernt. Negatives Lernen – vergessen und nicht mehr können. Früher konnte ich auch viel mehr. Headbanging. Ging früher voll gut. Jetzt nicht mehr. Spagat. Lange schlafen. Wie komm ich jetzt wieder raus aus der Nummer? Die nächste Fahrstunde ist auch wieder abends. Ich glaube, ich mache das wie meine Schüler. Ich geh einfach nicht hin. Ich schwänze meinen Führerschein. Die können mich alle mal am Arsch lecken. Die Fahrschule, die Dunkelheit und der ganze bescheuerte, bekackte, Scheißverkehr.

»Wie war's?«, fragt der Freund zu Hause.

»Doof. Ganz, ganz doof.« Der Freund erwartet, dass ich mehr erzähle. Er fragt nicht nach. Er guckt mich nur an und wartet. »Vielleicht war das doch keine so tolle Idee mit mir und dem Führerschein. Vielleicht hat dieser Harald recht, und ich bin wirklich zu alt.« Der Freund schüttelt den Kopf. Ich lasse ihn aber nichts Relativierendes sagen. »Heute konnte ich gar nichts sehen. Ich bin nachtblind. Und das wird mit dem Alter bestimmt immer schlimmer. Irgendwann sehe ich die Lichter auf der Straße dann mit so leuchtenden Streifen. Dann bin ich eine Gefahr für den Straßenverkehr. Das macht auch alles überhaupt keinen Spaß. Ich habe das unterschätzt. Ich hätte nie gedacht, dass dieses Autofahren so schwer ist.«

»Ach Quatsch, das lernst du schon. Du bist doch noch ganz am Anfang. Die anderen können das doch auch. Frau Dienstag oder deine Schwester …«

»Die waren alle 18, als sie den Führerschein gemacht haben. Mit 18 bist du ein Kind. Ein furchtloses Kind. Da traust du dich auch alles. Da bist du unverwundbar. Da kennst du keine Gefahren. Da ist es dir scheißegal, was alles passieren kann. Da willst du nur den Kick. Die Geschwindigkeit und das große Abenteuer. Mit 18 kann dir keiner was. Auto fahren im Dunkeln – da lachst du drüber. In meinem Alter ist das anders. Da lachst du nicht mehr. Da regiert die Angst.«

3. Woche (430,80 Euro)

Heute ist es schon dunkel, als ich zur Fahrschule komme. Meine sechste Fahrstunde. »Hier ist der Schlüssel. Wir fahren heute mit dem GLK, geh schon mal vor und stell die Spiegel ein. Ich komme gleich«, sagt Harald.

Und dann suche ich das Auto. Bisher sind wir mit zwei verschiedenen Wagen gefahren. Der eine war blau und der andere silbern. Aber welcher heißt jetzt GLK? In den Pausen des Theorieunterrichts reden alle immer über die Autos. »Ich fahr mit dem GLK.« »Echt? Ich finde die A-Klasse besser.« Ich weiß gar nicht, welches Auto ich besser finde, das blaue oder das silberne. Es dauert voll lange, bis ich das Auto heute finde. Hätten die aber auch eine auffälligere Farbe als Blau nehmen können. Ich drücke auf den Knopf am Schlüssel, aber nichts passiert. Normalerweise begrüßt mich das Auto mit den Scheinwerfern und einem freundlichen Geräusch. Ich drücke noch mal. Drehe den Schlüssel um, gehe näher ran, weiter weg. Nichts. Kein Scheinwerfer. Kein Geräusch. Plötzlich steht Harald hinter mir. »Irgendwas ist mit dem Schlüssel«, sage ich. »Vielleicht ist die Batterie alle.« Harald schmeißt seine Zigarette auf den Boden und tritt sie aus. »Nee. Ich hatte doch gesagt, wir fahren mit dem GLK. Das hier ist die A-Klasse. Der GLK steht da drüben.«

Heute ist: anfahren am Berg. Tzzz. Anfahren am Berg. Bremsen. Wieder anfahren am Berg. Wieder bremsen. Wieder anfahren und weiterfahren, rechts abbiegen. Es ist zwar wieder dunkel, aber es regnet nicht. Man sieht dann wirklich besser. Meine Freunde, die DHLs, sind immer noch unterwegs und stehen mir im Weg.

Eine Freundin erzählte mir, dass sie hundert Fahrstunden hatte. Ich denke: EINHUNDERT MAL FÜNFZIG EURONEN??? Alter Falter. In der Raucherpause der Theoriestunde sagt jemand was von den »zwölf Pflichtstunden«. Da liege ich doch mit meinen angepeilten zwanzig Stunden ganz gut. Wenn ich Harald und den Jungen im Büro frage, wie viele Stunden man braucht, dann halten sie sich immer total bedeckt. Sie haben so ein stillschweigendes Übereinkommen, dass man Oma bloß keine konkreten Zahlen nennen darf. Und nach meiner verkackten Dunkelfahrt höre ich von Harald auch nichts mehr von wegen Fahrgefühl einer 18-Jährigen. Ich glaube, er hat mich jetzt in die Kategorie »unbelehrbar« – das kann dauern, das dauert eben und bei dem einen eben länger, und die eine ist Oma – eingeordnet.

»Harald, ich habe jetzt einen Termin beim Bürgeramt. Aber erst zwei Tage vor Heiligabend. Bis die den bearbeitet haben, das dauert. Dann kann ich die schriftliche Prüfung frühestens im März machen.« Ich rechne. Jede Woche zwei Fahrstunden – das wären dann so vierzig.

»Wenn die Prüfung erst so spät ist, soll ich dann trotzdem jede Woche zwei Fahrstunden nehmen?«, frage ich, und Harald sagt, das sei schon sehr wichtig und gut so, und gibt mir mehr oder weniger zu verstehen, dass ich mit vierzig Fahrstunden doch noch recht schnell sei – für mein Alter. Ich sage nichts. Weiter anfahren am Berg. Wieder links, dann weiter geradeaus. Dann abbiegen, DHL, Fußgänger, Radfahrer, anfahren am Berg.

Irgendwann sind wir fertig. Wir sitzen im Auto und

Harald seufzt. »So, nun mach mal den Motor aus.« Ich fand, ich war ganz gut. »Ging doch eigentlich«, sage ich. Harald sagt nichts. Das sollte ich mal wagen, Tarik oder Hamid nicht zu loben, wenn sie sich im Unterricht angestrengt haben. Und ich habe mich angestrengt. Meine Berganfahrten waren gar nicht so schlecht. Harald sieht nur geradeaus auf die Straße und sagt dann: »Und das Schlimmste ist, dass ich gleich noch so eine Stunde habe.«

Was meint er denn damit? Meint er noch so eine Stunde mit so einer unfähigen Fahrschülerin wie mir? Vor der Fahrschule versuche ich zu sehen, welche lernresistente Greisin in der Fahrschule auf ihn wartet. Aber da ist niemand. Ich verabschiede mich und latsche nach Hause. »Noch so eine Stunde.« Unverschämtheit! Aber warte nur, denke ich. Dir werd ich es zeigen. Ich habe mich doch noch nie von etwas abhalten lassen, nur weil es nicht meinem Alter entsprach. Ich trage doch auch immer noch Turnschuhe.

Obwohl … Mit 28 wollte ich unbedingt Breakdance lernen. Ich hatte auf einem Straßenfest Jugendliche gesehen, die das so toll konnten, dass ich am nächsten Tag gleich zu dem Jugendzentrum bei mir um die Ecke gegangen bin. Dort stand: Für Leute von 12 bis 26 Jahren. Die zwei Jahre, die ich über dem erlaubten Alter war, versuchte ich mit besonders jugendlicher Kleidung und betont lässigem Auftreten zu kaschieren. In dem Streetdance-Kurs waren neben mir drei 15-Jährige. Eine von ihnen leitete den Kurs. Nachdem ich ihr gesagt hatte, dass sie mich nicht zu siezen braucht, ging es sofort auf den Boden. Ohne uns irgendwie aufzuwärmen oder zu dehnen, vollführten wir dort komplizierte Drehübungen mit ausgestrecktem Bein.

Ein paar Tage später hatte ich tierische Schmerzen im unteren Rücken. »Hier und hier tut es voll weh. Auf beiden Seiten.«

»Da sind die Nieren. Da solltest du mal zum Arzt gehen«, sagte der Freund.

Arzt, Arzt. Bevor ich mich damals in ein Wartezimmer gesetzt hätte, hätte mir ein Arm oder ein Bein fehlen müssen. Apotheke reicht auch, dachte ich. »Einen Blasen-Nieren-Tee, bitte.« Die Verkäuferin musterte mich eingehend und schüttelte dann den Kopf: »Wenn Sie etwas mit den Nieren haben, dann gehen Sie lieber zum Arzt. Das kann ganz gefährlich sein für Frauen. Vor allem in Ihrem Alter.« Jetzt erinnere ich mich wieder, ja, damals hatte die Apothekerin wirklich »in Ihrem Alter« gesagt, und das hatte mich irritiert. Also bin ich dann doch zum Arzt gegangen, der mich abtastete und eine Urinuntersuchung vornahm. Am Ende sagte er: »Also mit Ihren Nieren ist alles okay. Ich kann da nichts finden. Das sieht nach starkem Muskelkater aus. Haben Sie in letzter Zeit Sport gemacht?« Und da hab ich mich nicht getraut zu sagen, dass ich mich mit 28 in ein Jugendzentrum geschmuggelt habe, um Breakdance zu lernen. Aber nach dem Erlebnis hatte ich zum ersten Mal wirklich das Gefühl, dass aus mir wahrscheinlich nie mehr eine richtig gute Hip-Hopperin werden würde. Am Ende bin ich für diese Autosache vielleicht doch schon zu alt.

5. Woche (534,80 Euro)

»Du, ich hab den Eindruck, dir macht das alles keinen Spaß«, sagt Harald, nachdem wir uns in das blaue Auto gesetzt haben. Es ist mittlerweile meine elfte Fahrstunde, und recht hat er. Spaß macht es mir nicht. Spaß ist anders. Spaß ist vorher und danach. Spaß ist um die Fahrstunden drum herum. Das ist nicht gut. Ich ärgere mich auch schon gar nicht mehr, dass Harald mich immer zehn Minuten im Auto warten lässt, bevor er kommt. Alle Fahrstunden waren zehn Minuten kürzer, als sie sein sollten. Und die sind doch so teuer. Egal, es macht mir sowieso keinen Spaß mehr.

Aber das ist doch scheiße, wenn mir das Autofahren keinen Spaß mehr macht. Wozu mache ich denn dann überhaupt den Führerschein? Soll ich einfach wieder aufhören?

Frau Dienstag meint, ich soll Harald mal sagen, dass er mich mehr loben soll. Dass er mich motivieren soll.

»Machst du da keine Witze?«, fragt Frau Dienstag.

»Nee. Da bin ich voll konzentriert.«

Vielleicht sollte ich ein paar Witze machen. Aber ich glaube, Harald findet, der Oberwitz ist, dass ich versuche, den Führerschein zu machen.

Nach der Stunde kommen wir irgendwie auf das Thema Praktische Prüfung zu sprechen, und da sagt er, ich solle mich lieber beim TÜV anmelden, weil die netter seien. »Da hast du vielleicht eher Chancen, die Prüfung zu schaffen.«

»Häh? Meinst du, ich habe eigentlich gar keine Chance, durch die Prüfung zu kommen?«

»Es wird sehr lange dauern. Wir sind noch sehr, sehr am Anfang«, sagt er und seufzt.

»Weißt du, ich glaube, ich bin nicht die Erste, die den Führerschein macht, und ich habe schon ganz andere Sachen geschafft.« Aber er lässt nicht locker: »Es wird schwer. Und ich will ja jetzt nicht sagen, dass du das schnell schaffst, wenn es dann später so teuer wird … Es ist eben so, wenn man älter ist.«

Was soll das alles? Mir ist es doch egal, was das kostet. Ich hab genug Geld. Ich glaube, das muss ich ihm mal sagen: »Alter, mir geht es nicht ums Geld. Aber ich möchte nicht dauernd hören, dass ich das nicht schaffe. Und wenn ich tausend Stunden brauche – egal. Dann brauche ich eben tausend Stunden. Zahl ich. Kein Problem. Aber wenn du mich weiter so demotivierst, dann kaufe ich die Scheißfahrschule, schmeiß dich raus, und dann kannste ja mal sehen, wie schwer das ist, noch mal was Neues zu lernen. Bist ja auch nicht mehr der Jüngste.«

Ich bin ja in der Schule auch nicht immer der größte Motivator. Aber wenn ich den Schülern permanent sagen würde, dass sie den angestrebten Schulabschluss wahrscheinlich nicht schaffen werden, dann … Und woher soll ich das überhaupt wissen? Nicht alle Schüler sind gleich. Einigen fallen die Prüfungen leicht, anderen nicht. Einigen wird auch der Führerschein leichtfallen und anderen nicht, auch wenn die alle 18 sind. Oder schaffen alle 18-Jährigen den Führerschein im Vorbeigehen? Sind denn wir alten Leute alle gleich? Und was ist Fahrlehrer überhaupt für ein komischer Beruf?

Frau Dienstag sagt: »Ist doch lustig, da ist dein Fahrlehrer wahrscheinlich aus Westdeutschland nach Berlin gekommen, um nicht zur Bundeswehr zu müssen, und jetzt ist er trotzdem Fahrlehrer geworden. In den Achtzigern waren doch immer alle Fahrlehrer ehemalige Bundeswehroffiziere.« Ja, hehe, wahrscheinlich kann er auch einfach nur Auto fahren, und was anderes zu lernen fiel ihm zu schwer. Aber ich werd ihm schon beweisen, dass ich noch fit genug bin, so einen popligen Führerschein zu machen!

Fit genug, das Autofahren zu lernen, vielleicht. Aber die Theorie? Scheiße, ich kapier es nicht. Geschwindigkeit in Stundenkilometern, durch zehn mal drei oder, nee, geteilt durch drei, und dann halbiert sich das bei der Gefahrenbremsung. Mein Hirn raucht. Ich schreibe alle Gleichungen auf. Oder sind das Formeln? Frau Dienstag hatte recht. Dieser Theorieunterricht nervt wirklich. In der Schule bin ich ziemlich schnell aus Mathe ausgestiegen. Ich war davon überzeugt, dass ich das sowieso nie in meinem Leben brauchen würde. Und jetzt sitze ich hier zwischen diesen Gymnasiasten und versteh nicht den Unterschied zwischen Anhalte- und Reaktionsweg und was sich verdoppelt und was sich wann halbiert. Wie soll man das denn lernen? Und eins ist ja mal klar – wenn ich das nicht kapiere, dann verstehen meine Schüler das auch nicht. Die sind alle in Mathe so schlecht, die können ja nicht mal plus und minus. Wie sollen die da Bremswege errechnen?

Jetzt erst mal mitschreiben, auch wenn ich nichts verstehe: »... bei Luftwiderstand geht es nicht linear, sondern verdoppelt oder vervierfacht sich.« Was denn nun? Und was überhaupt? Bremsweg oder Fliehkraft? Oh Mist, neues

Thema: Abstand halten. Zwei Sekunden Abstand, halber Tacho, drei Autolängen. Okay, verstehe, aber wo hält man welchen Abstand? Zum Glück habe ich zu Hause so ein Buch, und dann gibt es wohl auch noch Apps, mit denen man üben kann. »Das, was im Theorieunterricht durchgenommen wird, reicht aber nicht für die Prüfung. Um die zu bestehen, muss man sich auch noch mal alleine hinsetzen und lernen«, sagte der Fahrlehrer in der ersten Theoriestunde. Und er soll recht behalten.

6. Woche (638,80 Euro)

»Okay, Frau Freitag, heute fangen wir mal ganz vorsichtig an, in die Spiegel zu gucken.«

»Echt? Jetzt schon? Bist du sicher? Ich hatte doch erst zwölf Fahrstunden.« Au Backe, die Pflichtstunden habe ich schon gehabt. Wir fahren los. Blinker setzen, Kupplung, erster Gang, anfahren mit Vorgas ... Frau Dienstag lacht über Vorgas. Das gab es noch nicht, als sie ihren Führerschein gemacht hat. Da sind die Pferde einfach losgelaufen, wenn man die Zügel gelockert hat.

»So, und jetzt in den Rückspiegel gucken.« Ich gucke. Ich sehe gut aus. Die Haare sitzen nicht ganz so toll, und ich könnte die Wimpern nachtuschen, greife nach meiner Tasche auf dem Rücksitz ... Nein, nein, Spaaaß. Meine Tasche darf nie auf dem Rücksitz liegen, weil die mich erschlagen könnte, sollte ich bei Tempo 50 bremsen. Dann katapultiert die sich nach vorne und macht noch 'ne Biegung zum Fahrersitz, oder sie kommt direkt durch den Sitz und tötet mich. Das wollen wir ja nicht. Tod durch Tasche. Also liegt sie im Fußraum hinter mir, und ich komm da während der Fahrt auch nur sehr schlecht ran.

»Wie, du fährst jetzt schon seit über zehn Stunden, ohne in die Spiegel zu gucken?«, fragte der Freund gestern. Ich nickte. Er lachte. »Das wäre ja wie schreiben lernen, ohne auf die Rechtschreibung zu achten.«

Auf einmal sehe ich Harald mit ganz anderen Augen. Ist er am Ende doch kein frustrierter Westdeutscher, der nach

Berlin kam, um der Enge seiner piefigen Kleinstadt zu entfliehen und im großen Berlin sein Glück zu finden? Ist er doch nicht latent depressiv, weil er in Berlin dann nur die piefige kleine Fahrschule bei mir um die Ecke fand? Ist er am Ende der Fahrlehrer, der ganz neue pädagogische Akzente in der Fahrschulszene setzt? Der Held der didaktischen Reduktion. In der ersten Stunde lernen wir, wie wir uns anschnallen. Das ist gar nicht so einfach, weil spiegelverkehrt. Dann lenken, Schritttempo, dann erster Gang, dann zweiter Gang, dann eine Weile nur zweiter Gang, dann im Dunkeln, dann wieder zurück zu nur erster Gang, dann wieder zweiter, dann sogar dritter Gang und jetzt eben Spiegel gucken. Aber nur in einen. Nicht zu viel auf einmal. Wir haben ja noch viel Zeit bis zur Prüfung.

Harald reißt mich aus meinen Gedanken. »Unterschätze das In-die-Spiegel-Gucken nicht«, sagt er.

»Keine Angst, tue ich nicht«, sage ich.

»Blinker setzen nach links.« Ich gehorche. Fahre. Links abbiegen. Ich fahre über die Kreuzung. Er: »Jetzt Blinker setzen nach links.«

Hä? Da ist doch gar keine Straße. Er meint wahrscheinlich rechts. Da geht es zu einer Tankstelle. Vielleicht müssen wir tanken, der meint bestimmt rechts, denke ich und blinke rechts. Aber ich soll nicht denken. Ich bin etwas unsicher und ziehe leicht nach rechts. Er geht in die Bremse und guckt mich an: »Ich hatte gesagt links.« Ich: »Oh ja, klar, natürlich, sorry.« Winde mich in meinen Entschuldigungen, tzzz, da zahle ich auch noch fünfzig Euro für, dass ich mich hier ständig vor Harald winden darf – komische Welt.

Ich schleiche links an der Tankstelle vorbei. Bin immer noch verwirrt, warum ich nach links blinken sollte. Und dann tue ich etwas sehr Unüberlegtes: Ich frage nach. »Äh, warum sollte ich denn blinken?«

»Da war ein Fahrstreifenwechsel.« Er seufzt. »Halt mal an, ich erkläre dir, was ein Fahrstreifen ist.« Und dann kommt wieder so ein Vortrag auf Folien mit Straßen, auf die er mit ausgetrockneten Overheadstiften (non-permanent) Striche und Pfeile zeichnet.

»Der Begriff Straße umfasst alles, was zwischen den Hauswänden rechts und links liegt. Gehwege, Radwege, Seitenstreifen und Fahrbahn. Die Fahrbahn selbst wird in mehrere Fahrstreifen unterteilt. Die Fahrbahn wird durch eine weiße durchgezogene Linie begrenzt. Die Fahrbahnbegrenzung.« Harald zeichnet mehrere Linien. »Und der Fahrstreifen ist Teil der Fahrbahn. Und ein Fahrstreifenwechsel muss rechtzeitig angekündigt werden. Du hast gerade einen Fahrstreifenwechsel gemacht, ohne zu blinken.«

Dann wischt er alles weg. Aber nicht ordentlich. Ich denke: Wisch das doch mal richtig weg! Du hast ja alles nur verschmiert. Aber er hat den kleinen Hefter schon wieder weggepackt. Er seufzt, und ich fahre langsam weiter. So ganz kapiert habe ich das mit den Fahrstreifen nicht. In der Straße waren nur parkende Autos und ein bisschen Straße. Da waren nicht mehrere Streifen, so wie auf der Autobahn. Aber ich traue mich nicht, noch mal zu fragen. Dann flippt er bestimmt aus.

Am Ende der Stunde sitzen wir im Auto und Harald sagt: »Ich wünschte, es würde dir Spaß machen.« Ich sage: »Ich bin verunsichert, und wenn du immer sagst, dass es so lange bei mir dauern wird, dann komme ich mir vor wie der allerletzte Depp, der das nie schaffen wird.«

»Das habe ich nie gesagt.«

»Aber wenn du ständig sagst, das sei alles so schwer, dann heißt das, ich bin zu bekloppt für den Führerschein.«

»Das sage ich ja gar nicht. Aber es wird nicht leicht.« Ich quatsche gegen eine Wand. Er hat seine feste Meinung von mir, und davon rückt er auch nicht ab.

»Ich meine ja nur, mir ist es egal, wie lange es dauert. Es dauert so lange, wie es dauert. Aber ich muss das nicht ständig hören.«

Harald seufzt: »Frau Freitag, da musst du dich durchbeißen, und ich weiß nicht, ob du das kannst.« Und da denke ich: Wie bitte??? Ich und mich nicht durchbeißen können??? Durchbeißen ist mein zweiter Vorname!

»Doch, das kann ich! Ich hab mich schon durch ganz andere Sachen durchgebissen«, sage ich und steige aus. Tzzz, durchbeißen. Als wäre Lehrerin zu werden nicht tausendmal schwieriger, als einen Führerschein zu machen. Ich habe in meiner Berufslaufbahn so viele schlechte Lehrer gesehen. Lehrer, die ihr Leben lang Chaos in den Klassen hatten. Und die waren alle gute Autofahrer. Das beweist doch, dass es viel leichter ist, einen Führerschein zu machen, als Jugendliche zu unterrichten. Aber ich sage nichts. »Ich habe mich schon durch ganz andere Sachen durchgebissen.« Das lasse ich einfach so stehen. Soll er sich ruhig die ganze Nacht fragen, wo sich diese Frau Freitag durchbeißen musste.

Als ich mit Anfang 30 Snowboard fahren lernen wollte, da habe ich mich aber so was von durchgebissen, dafür klopfe ich mir heute noch auf die Schulter. Ich wollte unbedingt

Snowboard fahren können, aber tagelang bin ich nur hingeflogen. Auf die Knie, auf den Hintern, dann wieder auf die Knie. Die waren am Abend dunkelblau. Mein Arsch sah aus, als hätte man mich mit einem Holzbrett verprügelt. Und habe ich aufgegeben? Nein! Ich stand am nächsten Morgen wieder am Schlepplift des Idiotenhangs und hab versucht, die zehn Meter Steigung zu bewältigen. Jedes zweite Mal flog ich aus dem Lift, setzte mich in den nassen Boden, schnallte das Snowboard ab und stapfte durch den Tiefschnee zum Anfang des Lifts. Meine viel zu billig gekaufte Skihose von Tchibo war schon nach einer Stunde klitschnass und wurde am Hintern vom vielen Hinfallen bedenklich dünn. Und trotzdem habe ich nicht aufgegeben. Auch nicht, als so ein kleiner fünfjähriger Depp auf seinen Kinderskiern lässig mit dem Schlepplift an mir vorbeifuhr und mir zurief: »Warum fällst du immer hin? Ist doch ganz einfach!« Diese Kinder haben da sowieso total genervt. Die Lehrer stellten sie auf Skier oder Snowboards, und die sind sofort den Hang runtergebrettert. Schon nach drei Versuchen flog da niemand mehr hin. Dabei waren die doch viel jünger als ich. Das war echt verrückt, wie schnell die lernen konnten. Damals hab ich noch gedacht, dass die, also die Kinder, eigentlich unsere Lehrer sein müssten, denn die schienen alle Naturtalente zu sein.

Aber irgendwann kam auch ich den Hang runter, ohne zu stürzen. Erst den Anfängerhügel, dann die blaue Piste. Am Ende des Urlaubs klappte sogar das Schleppliftfahren, und im zweiten Winterurlaub bin ich überhaupt nicht mehr hingefallen. Ich kann mich also durchbeißen, Harald. Das habe ich nämlich schon mal gemacht.

7. Woche (742,80 Euro)

»Warst du schon auf der Autobahn?«, fragt Mike. Mike sitzt neben mir und ich fahre. Der Kunde ist König, dachte ich, und wenn Harald immer so doof ist, dann tausche ich den einfach um. Fahrschulen gibt es doch wie Sand am Meer. Und vielleicht finde ich ja einen Fahrlehrer, bei dem das Autofahrenlernen auch Spaß macht. Mit diesem Gedanken bin ich gestern in die Fahrschule hinter der großen Kreuzung gegangen. Fahrschule Murat. Ich hatte für diese Woche extra nur eine Fahrstunde bei Harald gebucht. Die Stunde mit Mike ist dann eine der beiden wöchentlichen Stunden. Es ist bereits die vierzehnte. Und diesmal werde ich mich auch gleich besser verkaufen.

»Guten Tag, ich möchte einen Führerschein machen, also, ich bin schon dabei, und ich will vielleicht die Fahrschule wechseln, weil ich finde, dass mein jetziger Fahrlehrer mich nicht motiviert und, also, dass der mich eher runterzieht.«

Hinter dem Tresen sitzt ein älterer türkischer Mann. Wahrscheinlich ist das Murat. An der Wand hängt so eine Art Diplom. Murat Ramazan.

Murat lächelt mich an. »Nee, miesmachen geht gar nicht!«

Erleichtert setze ich mich auf den Stuhl vor dem Tresen und frage, ob ich eine Probestunde nehmen kann. Kann ich. Wir vereinbaren einen Termin, und ich habe sofort wieder Spaß am Führerscheinmachen.

Ein paar Tage später sitze ich also bei Mike im Auto. Mike fragt: »Wie alt bist du denn?«

»25. Ich weiß, ich sehe sehr viel älter aus. Schlechte Gene, kann man nichts machen.«

Mike will wissen, bei welcher Fahrschule ich war. Ich sag es ihm nicht. Ich will Harald nicht schlechtmachen. Spreche von falscher Chemie und gutem Willen. Mike verkauft sich hervorragend. Fahrlehrer sei sein Traumjob. »Ich mache das sooo gerne, Leuten das Fahren beibringen. Bei mir ist noch nie jemand durchgefallen. Und man braucht auch gar nicht so viele Stunden zu nehmen. Im Gegenteil, eigentlich ist das eher hinderlich, wenn man zu lange wartet mit der Prüfung.« Ich höre mir das alles an. Hört sich alles gut an. Das Auto von Mike fährt sich auch besser als das blaue und das silberne von Harald.

»Ist doch nur Auto fahren«, sagt Mike immer wieder, während wir fahren. Für Harald ist jedes Linksabbiegen eine Operation am offenen Herzen. Für Harald ist Schalten eine Wissenschaft für sich, die nur Auserwählte erlernen können. Auserwählte wie er. Harald ist zwar stolz, dass er so gut Auto fahren kann, aber er ist auch traurig. Ich weiß nicht, warum er traurig ist, aber seit ich neben dem fröhlichen Mike sitze, sehe ich, dass Harald irgendwas hat. Vielleicht wurde er von einer älteren Frau verlassen, und ich erinnere ihn an diese ältere Herzensbrecherin. Wenn Harald zu mir ins Auto steigt, dann nimmt er diese Traurigkeit mit. Dann wabert die im Auto rum, und ich werde sofort auch depressiv.

»Das wird noch sooo lange dauern, bis du richtig fahren kannst«, sagt Harald, und ich denke dann: Oh Gott, krass, wenn ich das überhaupt jemals schaffen kann.

Mike, die Spaßkanone dagegen, bringt die Party mit ins

Auto: »Ist doch nur Auto fahren.« Und ich denke: Lass mal morgen zur Prüfung anmelden. Ich pack das schon.

Zwei Fahrlehrer – zwei Welten, und ich immer links daneben.

»Autobahn, nee, bin ich noch nie gefahren.«

»Na, dann fahren wir jetzt Autobahn«, sagt Mike, und eine Minute später düse ich mit 80 Sachen über den Highway. Harald, guck dir das mal an!!!

Am nächsten Tag warte ich wieder zehn Minuten auf Harald. Ich bin diesmal extra eine Viertelstunde früher in die Fahrschule gekommen. Harald guckt mich an und sagt: »Du, du brauchst nicht so früh zu kommen. Ich bin hier noch nicht fertig. Kannst du draußen noch mal warten?« Tzz, draußen warten, dann im Auto warten, dann auf Lob warten, und bis Harald meint, dass ich die Prüfung machen kann – da kann ich wohl bis an mein Lebensende drauf warten. Ich werde ihn auf jeden Fall heute fragen, wann wir auf die Autobahn fahren.

»Jetzt links und in Schrittgeschwindigkeit über den Parkplatz.« Wir sind in Tempelhof. Auf dem Gelände vom TÜV. »Ich will mit dir heute quer einparken üben«, sagt Harald, und ich mache, was er will. Seine Ruhe täuscht. Seine Aggressionen lässt er an fahrradfahrenden Müttern mit Kind hintendrauf aus. »Unmöglich, diese Frauen mit ihren Kindern. Dahinten kommt schon wieder so eine Trulla. Unverantwortlich! Was da alles passieren kann. Klar – und jetzt noch bei Rot über die Ampel. Der müsste man das Kind wegnehmen ...« Er schimpft und meckert. Eigentlich will er mit mir meckern, glaube ich. Aber er darf nicht. Ich bin ja

Kunde, und ich habe ja nichts gemacht. Ich sitze stumm neben ihm und tue, was er mir sagt. An jeder roten Ampel öffne ich in Gedanken die Tür und verlasse dramatisch das Auto. »Das war's! Mir reicht's! Ich gehe!« Ich habe extra keine Tasche dabei, damit ich meinen theatralischen Abgang nicht durch das Öffnen der hinteren Tür verderben muss. Oder soll ich einfach rechts ranfahren und aussteigen? Ich habe auch keine Monatskarte dabei. Ich müsste schwarz nach Hause fahren. Würde ich machen. Wenn er mir nur einmal schräg kommt. Los, Harald, vergiss dich! Nur eine Sekunde. Ein falsches Wort, und ich bin raus. Meine fünfzehnte Fahrstunde ist sowieso deine letzte mit mir. Komm, sag etwas Gemeines, und ich versau dir deinen Tag so richtig. Aber er sagt nichts. Nur: »Quer einparken. Das ist nicht so leicht.«

Natürlich ist das nicht so leicht. Und schon gar nicht für mich. In seinen Augen ist ja für mich alles eine unüberwindbare Herausforderung. Ich fahre vor und dann zurück und dann in die Lücke. Stehe perfekt. Wo ist das Problem? Wir sitzen im Auto. Er sagt, das sei ein Teil der Prüfung. Ich nicke. »Wann fahren wir eigentlich auf die Autobahn?« Ein tiefes Ein- und Ausatmen. »Erst ganz am Schluss.«

»Wie viele Fahrstunden werde ich denn noch brauchen?« Ich weiß, dass ich jetzt keine Zahl hören werde. Ich wäre schon zufrieden mit einem: zwischen 30 und 100. Aber er sagt nichts. »Es wird noch sehr lange dauern.« Und plötzlich verstehe ich: Harald ist in mich verliebt und kann den Gedanken, mich nicht mehr zweimal die Woche zu sehen, nicht ertragen. Deshalb sagt er immer, dass es noch so lange dauern wird. Damit wir uns nie trennen müssen.

Ach, Harald. »Soll ich noch mal einparken?«, frage ich. Es hat Spaß gemacht, und ich würde gerne …

»Nein, das üben wir später.« Sorry, aber mit dir werde ich das wohl nie wieder üben. Wir fahren zurück zur Fahrschule. Ich parke den Wagen in einer Querstraße. Wir steigen aus. Das war's mit uns. Unspektakulär. Ich hatte mir das dramatischer vorgestellt. Ich gucke zu viel Netflix. Im richtigen Leben sind die dramatischen Momente nicht mit Musik unterlegt. Harald geht zur Fahrschule, ich nach Hause. Ich drehe mich noch mal um. Irgendwie wird er mir fehlen, dieser traurige Harald.

8. Woche (792,80Euro)

»Hast du dich denn schon von der alten Fahrschule abgemeldet?«, fragt Mike. Unser zweites Treffen – meine sechzehnte Fahrstunde. Ich bin mir gar nicht mehr so sicher, dass ich das mit den zwanzig Stunden schaffe.

»Mache ich morgen.«

»Soll ich mitkommen als Bodyguard?«

»Nee, das schaff ich schon alleine.«

»Ja, klar«, sagt Mike, »das ist ja der Vorteil, wenn man etwas älter ist. Man muss sich nicht mehr alles gefallen lassen.« Und ja, denke ich, Ältersein hat auch Vorteile.

»Wenn man den Führerschein selbst bezahlt, dann kann man auch Forderungen stellen«, sage ich, und Mike nickt. Dann lenkt er mich wieder zur Autobahn. Autobahn fahren, als wäre das gar nichts. »Ich habe da wohl einen ganz anderen Ansatz als dein alter Fahrlehrer«, stellt er fest. »Ich versuche immer, dass die Fahrschüler keine Angst, sondern Spaß am Autofahren haben.«

Und Spaß habe ich. Auf der Autobahn, auf den großen Straßen, auf den kleinen Straßen, beim Quereinparken. Mike sagt: »Quer einparken. Ist voll einfach. Da gibt es einen ganz simplen Trick.« Bei Mike scheint alles einfach. Bei Harald war alles schwer, und wenn überhaupt – dann schafft man das nur nach sehr, sehr vielen Bemühungen.

Ach, Harald, was hat dir eigentlich im Leben so hart mitgespielt, dass du alles so schwer nimmst? Na ja, ich werde dir morgen Abend auch noch übel mitspielen, wenn ich mich abmelde. Wenn ich deinem Chef sagen muss, dass ich das keinesfalls normal finde, wenn man immer zehn Minuten auf den Fahrlehrer warten muss, weil der noch seine Zigarette rauchen will. Mike dagegen weicht überhaupt nicht von meiner Seite. Er sitzt neben mir, wenn ich den Sitz einstelle und den Gurt anlege. Er will mich nach der Stunde nach Hause fahren. Er umarmt mich zum Abschied!

Bei Mike fühle ich mich überhaupt nicht alt und unfähig. Mike sagt so Sachen wie: »Als Frau hast du bei den Prüfern erhebliche Vorteile. Also, von den zwei offensichtlichen Vorteilen will ich ja gar nicht sprechen, hehe.« Mike hat einen Aufnäher an der Jacke, darauf steht groß: Frauen fahren besser. Endlich mal einer, der Frauen am Steuer nicht für … und dann gucke ich genauer hin und lese: Frauen fahren besser – und etwas kleiner: U-Bahn, Bus und Taxi.

»Ich wechsele die Fahrschule.«

»Echt?«, fragt Frau Dienstag. Sie sitzt im Auto, als ich sie auf meinem Nachhauseweg anrufe. Berufsverkehr. »Sag mal, Frau Dienstag, kannst du gerade telefonieren?«

»Klar, klar, kein Problem. Also noch mal von vorn – du gehst jetzt endgültig zu diesem Mike.«

»Ja.«

»Und hast du das Harald schon gesagt?«

»Nee, mache ich morgen Abend.«

»Oh Mann. Aber nee, nee, das ist sehr gut. Kann Harald mal sehen. Schließlich ist er Dienstleister.« Frau Dienstag glaubt an die regulierenden Kräfte der freien Marktwirtschaft. »Er hätte ja einfach netter sein können. Dieser Mike klingt echt besser.«

»Ja. Da macht das Fahren auch wieder Spaß.« Von Mikes blödem Aufnäher erzähle ich ihr nicht.

Am nächsten Abend: Showdown. Fahrschule Fahrenheit. Ich öffne die Tür. Am Schreibtisch sitzt derselbe Jungspund, der schon meinen Vertrag bei der Anmeldung ausgefüllt hat. Auch so ein Altersdiskriminierer. Aber der wird sich noch wundern, wenn er selber alt wird. Ihm gehen jetzt schon die Haare aus. Und da sitzt auch Harald. Mit einem jungen Typen, den ich aus den Theoriestunden kenne. Ich setze mich erst mal auf einen Stuhl an der Wand und warte. Harald dreht sich zu mir: »Und, Frau Freitag, willst du Termine für Fahrstunden machen?«

»Nein.«

»Was willst du denn dann?«, fragt Harald, als könne er sich das nicht denken. Was ich wirklich will, ist, dir deine bescheuerte Fresse polieren. Aber das kann ich natürlich nicht so sagen. »Ich will mich abmelden. Ich habe die Fahrschule gewechselt.«

Harald sagt: »So was habe ich mir schon gedacht. Darf ich fragen, warum?«

»Weil ich keine Lust mehr habe, mir dauernd anzuhören, dass ich es nie schaffe, einen Führerschein zu machen.«

»Das habe ich ja nicht gesagt, aber es wird bei dir sehr lange dauern. Deshalb hatte ich dir ja gesagt, dass Automatik …« Jetzt reicht es mir aber.

»Hast du dem jungen Mann hier auch Automatik empfohlen?« Der junge Mann dreht sich zu mir und grinst. Ich grinse auch: »Lernst du Automatik?« Er schüttelt den Kopf: »Nee, ich schalte.«

»Harald, sorry, aber bei dir habe ich das Gefühl, dass ich der allergrößte Idiot bin, der jemals versucht hat, einen Führerschein zu machen. Du sagst immer nur, dass das alles ewig dauern wird.«

»Na, es wird bei dir auch lange dauern. Du wirst mindestens ein halbes Jahr brauchen.« Ha, jetzt hat er doch eine Zahl gesagt. Ein halbes Jahr. 25 Wochen. Zwei Fahrstunden die Woche. 2600 Euro nur für die Fahrstunden! Pfff!

Dann geht Harald mit seinem Fahrschüler nach draußen, und ich bin sicher, er wird schlecht über mich reden. Ich setze mich an den Schreibtisch zu dem Jungen. Der kriegt jetzt auch sein Fett weg: »Weißt du, ich habe das Gefühl, dass man mich hier sofort in eine Kategorie gesteckt hat, nur weil ich älter bin.« Eigentlich hatte ich ihn immer gesiezt, aber jetzt ist auch egal. Jetzt behandle ich ihn auch wie einen Jungen.

»Erfahrungsgemäß lernt man ja auch schlechter, wenn man älter als 23 ist.« Er kann es nicht lassen.

»Okay, das heißt doch dann aber auch, dass alle jungen Leute alles sehr schnell und gut lernen. Das glaube ich aber nicht, sonst hätten doch auch alle 18-Jährigen Abitur.« Darauf fällt ihm nichts ein. Er fummelt am Computer rum. Aber ich habe noch nicht fertig: »Mir ist es doch egal, wie lange das dauert. Ich habe genug Geld. Aber ich will das nicht ständig hören. Das motiviert mich überhaupt nicht. Und es soll mir doch auch Spaß machen.«

»Spaaaaß?«

»Ja, natürlich, ich zahl doch nicht 50 Euro und habe dann keinen Spaß.«

»Also, für mich hat Autofahrenlernen nichts mit Spaß zu

tun.« Das ist ja lustig. Ich finde nämlich, das hat sehr wohl mit Spaß zu tun. Dann erzählt er mir, dass das so anstrengend sei, und lacht auch noch darüber, dass ich Spaß beim Autofahrenlernen haben möchte. Irgendwie bin ich hier in der spaßfreien Fahrschule gelandet. Fahrenheit ist spaßbefreit – so sollten die sich nennen. Ich bin sicher, ihm macht sein Job dort hinter dem Schreibtisch auch keinen Spaß. Bestimmt wird er auch schlecht bezahlt.

»Ich finde überhaupt nicht, dass man so pauschal sagen kann, dass man, wenn man älter ist, nichts mehr lernen kann. Was ist denn das für eine Einstellung? Da könnte ich mich ja gleich begraben, wenn ich so denken würde. Weißt du, wenn man immer nur zu hören bekommt, alles sei so schwer, dann baut sich da ja auch irgendwie Angst vor allem auf. Der andere Fahrlehrer ist mit mir zum Beispiel gleich auf die Autobahn gefahren.«

Der Junge lacht. »Ja, aber da bist du dann nicht gefahren, da ist er gefahren.«

Hä? War er dabei, oder was? War ich nicht auf der Autobahn, oder was?

»Wir lassen unsere Fahrschüler erst auf die Autobahn, wenn wir meinen, sie sind gut genug dafür. Aber es gibt so Fahrlehrer, die fahren gleich in der ersten Stunde auf die Autobahn. Wir wollen, dass unsere Fahrschüler sicher Auto fahren lernen.«

»Ach, und ihr meint, das könnt nur ihr einem beibringen, oder wie?« Jetzt macht er mir auch noch meinen fröhlichen Mike schlecht. Dann fragt er, wohin ich gewechselt habe. Ich sage es ihm nicht. Wenn er meint, man könne nur ohne Spaß und nur bei ihnen den Führerschein schaffen – bitte.

»Außerdem finde ich das nicht gut, dass ich immer zehn Minuten von meiner Fahrstunde auf Harald warten musste«, sage ich.

»Na, fünf bis sieben Minuten ist okay. Man muss ja den Sitz einstellen und so.«

»Ich finde das nicht okay, dass ich Haralds Raucherpausen immer mitbezahlt habe.« Mike kommt ja schließlich auch gleich mit zum Auto. Der Junge sagt, dass es schade wäre, dass ich damit nicht früher gekommen bin, und ich sage, dass ich Harald schon mehrfach auf sein verspätetes Kommen angesprochen hätte.

Und zum Abschied sage ich noch: »Ich glaube zwar nicht, dass es ein halbes Jahr bei mir dauern wird, aber wenn ja, dann verdient eben die andere Fahrschule ihr Geld mit mir.«

9. Woche (1001,90 Euro)
Überlandfahrt

»Neue Hose?«, fragt Mike, während er den Kofferraum schließt. Ich stehe vor der Fahrertür und will gerade einsteigen. Mike hat mich doch erst dreimal gesehen. Wie will er denn alte Hosen von neuen Hosen unterscheiden? Wenn Frau Dienstag auch nur einen neuen Strumpf hat, dann sehe ich das sofort. Ihren Kleiderschrank kenne ich schließlich genauso gut wie meinen. Aber Mike?

»Nee, ist nicht neu.« Ich steige ins Auto, stelle am Sitz rum.

»Jetzt bist du aber ziemlich weit vorne. Du bist zwar eine Frau, aber du hast ja wirklich sehr lange Beine. Fahr den Sitz ruhig ein bisschen nach hinten.«

Ich muss den Sitz immer ziemlich weit nach vorne stellen. Mike rutscht immer ganz nach hinten. Er füllt seine Seite und meine halbe Seite fast komplett aus. Und wenn das Dach des Wagens nur ein bisschen niedriger wäre, dann würde er mit dem Kopf oben anstoßen. Mike macht es sich gemütlich und guckt dann zu mir: »Los geht's!« Ich parke aus und fahre auf die erste Ampel zu.

»Als ich Fahrlehrer gelernt habe, haben sie uns in einem Seminar beigebracht, dass man immer Kritik an der Sache, nicht an der Person üben soll. Wenn ich jetzt sage, deine Hose sieht gut aus, ist das dann Kritik an der Person?«

»Na, ich würde sagen, das wäre ein Lob, dass ich mir so eine schöne Hose gekauft habe.«

»Aber wenn ich sage, du siehst gut aus in der Hose, dann ist das ja wieder Kritik an der Person.«

Ich muss den Fahrstreifen wechseln, und deshalb lassen wir das Hosenthema fallen, außerdem verstehe ich gar nicht, was Mike mir sagen will. Kritik an der Person? Lob, Kritik, Kompliment?

Wir fahren durch Neukölln. Mike ist bester Laune.

»Ich hab heute richtig gute Laune.«

»Ich auch«, sage ich und lächle ein bisschen gequält, weil ich schon den ganzen Tag Kopfschmerzen habe. Das Wetter – jede Wette.

Aber Mike geht es gut: »Ich bin so gut drauf, weil es mir so einen Spaß macht, euch das Fahren beizubringen. Also der Steffi eben und dir.« Okay, okay, ich weiß, dass Mike hier den positiven Kumpel macht, um sich vom depressiven Harald abzusetzen. Aber er muss jetzt auch nicht übertreiben.

»Wo fahren wir eigentlich hin?«

»Ich möchte heute mit dir zu dieser kleinen türkischen Bäckerei fahren und Fladenbrot kaufen. Ich kaufe dir auch eins. Wirklich, die machen das leckerste Fladenbrot in ganz Berlin.«

Ich fahre uns vor eine winzige Bäckerei in einer winzigen Winzstraße im tiefsten Neukölln. Parke in zweiter Reihe und gucke, wie Mike nach draußen geht und Fladenbrote für uns kauft. Ich komme mir total cool vor. Ich sitze im Auto, und jemand anderes springt raus und muss erledigen, was zu erledigen ist. Sonst muss ich das ja immer machen. Und jetzt darf ich hier sitzen, und Mike muss raus. Ich könnte jetzt das Fenster runterlassen und so ganz lässig meinen

Arm raushängen. Die halbstarken Typen, die hier über die Straße laufen, können ruhig sehen, dass ich cool bin. Eine coole Autofahrerin. Eine richtige Verkehrsteilnehmerin. Aber warum gucken die immer auf das Autodach und grinsen? Oh Mist, da ist natürlich dieses blöde Fahrschulteil drauf. Vielleicht bin ich doch noch nicht so cool, wie ich dachte. Irgendwann kommt Mike aus der Bäckerei wieder raus. Er hält mir die Tüte mit den zwei Fladenbroten unter die Nase: »Hier, riech mal, die sind ganz frisch.« Dann gurken wir weiter durch die Stadt. Mal links lang, dann wieder rechts, dann geradeaus und plötzlich wieder auf die Autobahn.

»Oh, schon wieder auf die Autobahn?«, frage ich, und Mike sagt: »Na, sicher!« So, und das sollte Harald mal sehen oder dieser arrogante Junge aus dem Büro, wie ich hier auf der Autobahn fahre. Von wegen, da fährt der Fahrlehrer. Mike spielt an seinem Handy rum, ich gebe Gas. »Ist doch nur Autobahn.« Okay, ich schlängele mich jetzt nicht gleich mit Tempo 80 auf die linke Spur, an allen anderen vorbei und wieder nach rechts zurück. Aber ich halte auch nicht alle auf der rechten Spur auf. Ich fahre zwischen 60 und 70. Das ist doch legitim. Wir haben es ja nicht eilig.

Frau Dienstag fragt mich immer: »Wo bist du denn Autobahn gefahren?« Berlin reicht ihr als Antwort nicht aus. Aber ich bin viel zu sehr auf das Lenken und den Verkehr fixiert. Da kann ich nicht auch noch gucken, wo wir sind. Außerdem ist der Stadtring für mich ja absolutes Neuland.

»Sag mal, Mike, wo sind wir eben raufgefahren?«

»Britzer Damm, wieso?«

»Meine Freundin fragt mich immer, wo ich gefahren bin, und dann weiß ich das immer nicht.«

»Na, nimm sie doch mal mit, deine Freundin«, schlägt Mike sofort vor. Der Gedanke, Frau Dienstag hinter mir sitzen zu haben, und sie labert sich da mit Mike einen ab, oh no!

»Neee, bloß nicht, die würde mich total verwirren.«

»Also, ich wäre dafür«, sagt Mike.

Wir fahren weiter Richtung Flughafen. Durch mir unbekannte Tunnel und mir fremde Gegenden. Läuft. Macht Spaß. Die Zeit verfliegt. Als ich das Auto sicher geparkt habe, öffnen wir den Kofferraum, und Mike gibt mir mein Fladenbrot und schenkt mir noch einen Wandkalender vom Bäcker. In der Fahrschule sagt er, dass wir doch jetzt mal mit den Sonderfahrten anfangen könnten. SONDERFAHRTEN!!! Harald, hast du das gehört?! Wir verabreden eine dreieinhalbstündige Überlandfahrt für den kommenden Samstag. Zum Abschied umarmt mich Mike. Dreieinhalb Stunden nur ich und Mike.

»Er meint, du kannst ja mal mitkommen.« Frau Dienstag zieht sich gerade an, und ich gucke ihr dabei zu. Wir waren gemeinsam bei der Aquagymnastik und wollen danach noch was trinken gehen. Ich bin immer schneller fertig mit dem Anziehen als sie.

»Echt? Gerne!«

Das wundert mich nicht, dass sie sich zu mir ins Auto setzen will, während ich Fahrstunde habe. »Nee, vergiss es! Das machen wir auf keinen Fall. Dieser Mike – ich weiß nicht …«

»Wieso? Der klingt doch voll nett. Viel besser als Harald.«

»Ja, schon. Und es macht auch Spaß bei ihm. Aber ›neue Hose‹?«

»Ja, krass, der hat dir auf den Arsch geguckt! Das geht gar nicht! Das darf er nicht.«

»Nee, wa? Darf er nicht. Und morgen habe ich diese Überlandfahrt. Die geht fast vier Stunden.«

»Und die ganze Zeit mit Mike. Auweia!«

Die Sonne scheint, die Stadt schläft. Samstagmorgen um kurz vor neun. Dreieinhalb Stunden mit Mike. Überlandfahrt. Ich finde, das sollte auf jeden Fall Aufs-Land-fahr-Fahrt heißen, weil wir ja die Stadt verlassen. Rausfahren. Die Straßen sind leer. Mein Magen auch. Wir fahren los. Ich weiß gar nicht, wo wir hinfahren wollen. Mike hat mir das zwar gesagt, aber ich kannte die Orte gar nicht.

»Wir machen auch eine Pause«, hat Mike gesagt. Ich sehe uns in einem gemütlichen Gasthof irgendwo in der Prignitz sitzen. Soll ich Mike dann einladen? Macht man das so?

Mike geht es gut. »Mir geht es in letzter Zeit so richtig gut«, sagt er. Ich sage: »Na, das ist doch schön.« Mike sitzt neben mir. Ich fahre. Im Gegensatz zu Harald sagt er mir nicht dauernd, was ich machen soll. Nur so Sachen wie: »Dann links auf die Autobahn.« Und diesmal schalte ich sogar alleine in den fünften Gang.

Wir fahren raus aus der Stadt. Irgendwie hört Berlin einfach auf. Man fährt und fährt, und irgendwann werden die Hochhäuser zu Einfamilienhäuschen, und plötzlich sind da nur noch Felder. Wir sind immer noch auf der Autobahn. Jetzt darf man noch schneller fahren. Und plötzlich sind da die Lkws.

»Was machen die denn da auf meinem Fahrstreifen? Ich dachte, die dürfen am Samstag nicht fahren.«

»Sonntags dürfen die nicht. Und jetzt überholen wir sie mal!«

Überholen auf der Autobahn macht eigentlich Spaß. Jedes Mal werden ein paar Stresshormone ausgeschüttet. So wie beim Klauen. Die Autobahn hört gar nicht mehr auf. Wo will Mike mit mir hin? Und wie soll ich eigentlich Auto fahren ohne Mike neben mir? Ich kann mir das gar nicht vorstellen, dass der irgendwann nicht mehr da sitzt. Wenn er nicht da wäre, dann würde ich wahrscheinlich das Radio anmachen, aber das Radio würde mir nicht sagen, wenn ich etwas falsch mache. Vielleicht kann ja Mike immer mitfahren, wenn ich meinen Führerschein habe. Ich rufe ihn dann an: »Mike, ich will meine Eltern besuchen. In zehn Minuten vor meiner Haustür?« Und morgens könnte er mit mir zur Schule fahren. Er könnte im Auto warten, während ich unterrichte, oder ein bisschen spazieren gehen oder einkaufen, und dann fahren wir gemeinsam wieder zurück. Ich würde mich auf jeden Fall sicherer fühlen.

»Hast du dir schon mal überlegt, einen Lkw-Führerschein zu machen?«, fragt Mike plötzlich, und ich fahre fast über eine rote Ampel vor Lachen. »Nee, wirklich, ich würde dir das durchaus zutrauen.« Oh Mike, was kommt als Nächstes? Kampfjet fliegen oder Spaceshuttle?

»Würde vielleicht auch ein Job bei rausspringen.« Und schon sehe ich mich in einem riesigen Lkw mit Schweinen hintendrauf durch Europa tuckern oder Waffen in den Nahen Osten fahren. Denkt Mike, ich hätte keinen Job? Wir haben noch gar nicht darüber geredet, was ich eigentlich so den ganzen Tag mache. Jedes Mal, wenn wir an einer Schule vorbeifahren und ich Schüler am Straßenrand sehe, versuche ich, möglichst neutral geradeaus zu gucken. Eigentlich habe ich den Impuls, Mike alles über das verkehrsignorante Verhalten von Jugendlichen zu erzählen. »Die gucken nie, wenn sie über die Straße gehen. Sobald sie nicht alleine sind, blenden sie die Umwelt aus. Und dann müssen sie natürlich auch immer cool sein, und was gibt es Uncooleres, als bei Grün über die Straße zu gehen?« Ich muss mich wirklich zurückhalten. Mike soll nicht wissen, dass ich Lehrerin bin. Eine Lehrerin als Fahrschülerin. Da kann ich mir schon vorstellen, was man da als Fahrlehrer denkt. Uns wird doch immer nachgesagt, dass wir so schwierige besserwisserische Zeitgenossen sind. Also schweige ich. Schüler, alte Leute, Hunde, habe ich nichts mit zu tun.

Landstraße. Voll krass, dass man dort 100 fahren darf. Warum eigentlich? Und kein Wunder, dass es da so viele Unfälle gibt. Auch die Landstraße ist leer, und wir fahren und fahren. Ortseingangsschild, runterschalten, 50 fahren, Vorfahrt achten, hochschalten, rausfahren, Gas geben, Landstraße, bis zum nächsten Ortseingang. Die Orte sind leer. Wie ausgestorben. Nur Kopfsteinpflaster und graue Fassaden. Warum sieht es im Umland von Berlin immer so aus, als hätte hier gerade eine Atomexplosion jegliches Leben ausgelöscht? Na, heute kann es mir nur recht sein. Keine Radfahrer, keine Fußgänger und sehr wenige Autos.

Alles läuft super. Aber langsam fängt mein Knie an, weh zu tun. Oh Mann, wie soll ich denn dann durch Europa fahren, wenn mir schon kurz vor Dresden das Knie weh tut? Ich will doch den Führerschein haben, damit ich mit dem Auto voll autonom über den ganzen Kontinent fahren kann. Immer wenn ich verreise, bin ich auf öffentliche Verkehrsmittel angewiesen, und die sind in den meisten Ländern schlecht. Und wenn ich dann wieder nach Hause komme und sage: »Mallorca war doof«, dann höre ich: »Wieso? Da nimmt man sich einen Leihwagen und fährt über die ganze Insel. Haben wir auch gemacht. Es gibt da traumhafte Ecken.« Und jetzt? Jetzt tut mein Knie schon in Brandenburg weh. Bin ich körperlich nicht mehr in der Lage, Auto zu fahren? Ich gucke auf die Uhr. Halbzeit. Was ist mit unserer Pause?

»Fahr mal rechts ran«, sagt Mike irgendwann, und ich parke den Wagen. Weit und breit kein Gasthof. Wir stehen vor einem Haus. Hinter den Gardinen sehe ich, dass eine Frau Aerobic macht. In einem rosafarbenen Trainingsanzug. Bodentiefe Fenster, der Garten sieht traurig aus. Ich strecke meine Beine aus. Mein Knie tut immer noch weh.

»Irgendwie tut mir mein Knie weh«, sage ich zu Mike.

»Kennst du dieses Buch?«, fragt er, und ich denke: Was ist denn das für eine Frage? Kennst du dieses Buch? Welches Buch, und was hat das jetzt mit meinen Knieschmerzen zu tun? Aber dann freue ich mich doch, weil Mike mit mir über Bücher reden möchte.

»Hä, welches Buch?«, frage ich, steige aus dem Auto und fange sofort mit Dehnübungen an.

»Kamasutra.«

Kamasutra? Was will er denn jetzt?

»Nee? Kenn ich nicht.«

»Na, das sind so Stellungen.« Oh Mann, er soll nicht weiterreden. Hier in der Einöde, die da drüben in dem rosa Trainingsanzug, die Sonne auf dem Kopfsteinpflaster.

»So Stellungen …«, sagt er noch mal und lacht dabei.

»Ach, du meinst, so was sollte es auch fürs Autofahren geben, wegen meiner Knieschmerzen.« Mike nickt. Ein kurzer Moment der Stille.

Ich gehe zum Kofferraum und hole mir eine Zigarette aus meiner Tasche, die ich jetzt immer in den Kofferraum packe. Mike putzt die Scheiben vom Auto. Die Sonne scheint. Ich stehe auf der Straße und schließe die Augen. Fast wie Frühling, dabei kommt jetzt erst mal Heiligabend. Ich fotografiere das Auto. Und Mike. Schicke das Foto an Frau Dienstag. Mein Freund denkt, Mike sei so ein gutaussehender, toller Hecht. Ist er nicht. »Du beschreibst den immer so, als sei der voll der hübsche Typ«, sagte mein Freund neulich in der Küche. Jetzt habe ich Fotos, die das Gegenteil beweisen. Ich hätte gar nichts dagegen, wenn Mike der Adonis der Fahrschulen wäre. Ist er aber nicht. Wir steigen wieder ins Auto. Das war die Pause. Kein Gasthaus, keine Gänsekeule mit Rotkohl, keine Rechnung, die ich bezahlen könnte. Eine schnelle Zigarette in der Sonne. Ein kurzer Kamasutra-Moment, dann geht es zurück nach Berlin. Wenigstens sind die Scheiben sauber, aber das Knie tut immer noch weh.

Vor der Fahrschule verabschieden wir uns. »Na, Mike, dann wünsche ich dir schöne Weihnachten.«

Er lacht: »Ja, und wenn jetzt Ostern wäre, dann würde ich sagen: Ich wünsche dir dicke Eier.«

»Ihhh«, sage ich.

Aber Mike setzt noch einen drauf: »Und wenn jemand unartig war, du weißt ja, wo die Rute ist.«

»Hmm. Okay, dann bis nächstes Jahr.«

Ich laufe nach Hause. Wenn Frau Dienstag das eben gehört hätte. Was ist mit ihm? Ich verstehe ihn nicht. Warum redet er immer so? Möchte er, dass ich auch so mit ihm rede? Vielleicht mach ich das mal in der nächsten Fahrstunde.

10. Woche (1051,80 Euro)

Mike ist weg! Ich komme in die Fahrschule. Da steht Dieter hinterm Tresen. Dieter kenne ich schon aus einer Theoriestunde, die ich hier gemacht habe. Vorfahrt fehlte mir ja noch. Als ich damals zur Theorie kam, saß Dieter auf einer Bank vor der Fahrschule und rauchte. Ich sagte ihm, dass ich die Fahrschule gewechselt hätte und mir noch zwei Theoriestunden fehlten. Dieter dachte, ich hätte noch keinen Fahrlehrer, und ging mit mir rein, nahm ein grünes Heft und fragte, wann ich denn Zeit hätte. Ich war aber schon bei Mike und heilfroh, nicht bei Dieter gelandet zu sein. Dieter hat einen ganz üblen Raucherhusten, mit dem sein Lachen immer aufhört. Also, erst lacht er, und dann geht das Lachen in so einen röchelnden Husten über. Außerdem klappert sein Gebiss, und man kann ihn nur schwer verstehen. Und er macht immer so schlechte Witze: »Na ja, und wenn einer hupt, dann sage ich: ›Hast du noch was anderes als eine Hupe zu Weihnachten bekommen?‹«

»Hallo.«

»Hallo, du bist Frau Freitag?«, sagt Dieter, und ich nicke.

»Wo ist Mike?«

»Mike kommt nicht mehr«, sagt Dieter.

Ich: »Wie? Also ist er krank.«

»Ja.«

»Und wann kommt er wieder?«

»Gar nicht«, sagt Dieter.

»Wie, gar nicht?«

»Also, ich übernehme jetzt seine Fahrstunden. Ich heiße Dieter. Wir haben uns auch schon mal gesehen.«

»Ja, bei der Theorie«, sage ich und bin verwirrt. Mike ist krank. Okay, das kann ja mal passieren. Aber warum kommt er dann nie mehr wieder? Ist er tot? Haben sie ihn rausgeschmissen? Arbeitet er woanders?

Auf dem Weg zum Auto frage ich Dieter nach Mike. Er druckst rum. Mike sei krank und komme nicht mehr, sie würden sich schon nach einem neuen Fahrlehrer umsehen. Das sei gar nicht so einfach.

Beim Auto angekommen, öffne ich den Kofferraum und lege meine Tasche und meine Jacke hinein. Dieter guckt mich an.

»Warum legst du das nicht auf den Rücksitz?«

»Äh, weil, äh ...«

Weil ich das bei Mike auch immer so gemacht habe und weil ich bei Harald sogar nie irgendetwas auf den Rücksitz legen durfte. Dieter schüttelt den Kopf, und wir steigen ein. Als ich den Motor starte, geht das Radio an. Ich suche am Radio nach dem Ausknopf.

»Was suchst du denn?«, fragt Dieter. Ich sage: »Den Ausknopf.«

»Lass doch das Radio an«, sagt er. Meine erste Fahrstunde mit Radio. Meine erste Fahrstunde mit Dieter. Dieter sagt: »Mensch, Mädel, jetzt gib mal Stoff, hier ist 50.« Ich gebe Stoff. Ich will vor der Ampel runterschalten. Er sagt: »Erst halten, dann schalten. Was hast du es denn so eilig, Mädel?« Und ich habe darauf keine Antwort.

Wir fahren auf den Straßen, die ich schon kenne. Alle in Tempelhof. Prüfungsgebiet. Wenn ich jemals den Führerschein habe, dann kann ich nur in Tempelhof fahren. »Achtung, hier ist 30er-Zone. Fuß vom Gas. Bremsbereit. Mensch, Mädel, ich würd ja mal runterschalten. Ich würd hier nicht im dritten Gang fahren. Jetzt links, dann gleich wieder rechts. Zügiger einfädeln. Blinker setzen. Schon wieder den Schulterblick vergessen. Innenspiegel, Außenspiegel, Schulterblick, da können auch Fahrzeuge von rechts kommen, nun gib mal Stoff, hier ist 50, links, an der ersten Ampel rechts, auf die Autobahn!«

Wir fahren auf die Autobahn. »Stoff! Stoff! Stoff! Die Gänge ausfahren!« Nach dem dritten Versuch fliege ich im zweiten Gang die Autobahnauffahrt hoch, schalte dann vom dritten gleich in den fünften. Dieter will, dass ich in der 50er-Zone auch im vierten Gang fahre. Das wollte Mike nie, und ich glaube, Haralds Autos hatten nur drei Gänge. Ich mache, was Dieter sagt. »Mensch, Mädel, nun schalte mal in den Vierten!«

Dieter will, dass ich rasant fahre. Nicht so vorsichtig. Loben tut er mich nicht. Aber wenn ich etwas falsch mache, dann guckt er aus seinem Fenster, schüttelt den Kopf und sagt nach einer kleinen Pause irgendwas, das mit »Mensch, Mädel« anfängt. Dieter kritisiert die anderen Autofahrer. Vor allem, wenn vor uns einer die Spur wechselt, ohne zu blinken: »Nun guck dir den an! Wo willst du denn hin, Kollege Schnürschuh?«

Wir parken. Quer, längs, rückwärts, vorwärts. Ich schlage das Lenkrad zu sehr ein und stehe nicht richtig. Ich weiß nicht, wie ich korrigieren soll.

»Hab ich noch nicht gemacht, also, korrigieren. Sonst hat das immer gleich geklappt«, sage ich.

»Korrigieren … tzzz, hat dir der Mike das nicht beigebracht? Was hast du überhaupt bei dem gelernt?«, fragt er, und ich denke: Armer Mike. Krank oder tot, und jetzt redet Dieter auch noch schlecht über ihn.

Die nächste Fahrstunde habe ich erst in der kommenden Woche. Wieder bei Dieter. Ich bin verwirrt. Auf dem Nachhauseweg denke ich an Mike. Was er wohl gerade macht? Wie es ihm wohl geht? Was ist passiert? Soll ich ihn anrufen und fragen? Ob Mike alleine wohnt? Hoffentlich hat er jemanden, der ihn pflegt. Vielleicht gab es auch Stress in der Fahrschule.

»Ich hab uns Kaffee bestellt«, sagt Frau Dienstag, und ich nicke. Wir sitzen in unserem Fitnessstudio und warten auf den Pilateskurs.

»Einfach weg. Voll krass!«, sagt sie. »Und das hat dir doch Spaß gemacht, bei diesem Mike, oder?«

Ich nicke.

»Meinst du, die haben den rausgeschmissen?«, fragt sie und steht auf, um unseren Kaffee zu holen. Sie kommt mit zwei Tassen zurück an unseren Tisch. »Die haben den bestimmt gefeuert. Wegen sexueller Belästigung. Der war bestimmt zu allen Fahrschülerinnen so wie zu dir.«

»Aber der hat ja immer nur Sprüche geklopft. Also sexuelle Belästigung war das irgendwie noch nicht.«

Frau Dienstag denkt nach. Dann beugt sie sich zu mir: »Da hat sich wahrscheinlich eine Fahrschülerin bei diesem Murat beschwert, und der hat ihn sofort gefeuert. Weil der Angst hatte um den Ruf seiner Fahrschule. Das kann ja voll rumgehen im Internet, und dann kann der seinen Laden dichtmachen.«

»Meinste? Ich glaube, Mike ist krank.«

»Aber deswegen kündigt man doch nicht.«

»Vielleicht will er irgendwas anderes machen.«

»Ja, klar, als Fahrlehrer hat man ja auch so unendlich viele Möglichkeiten der beruflichen Neuorientierung. Nee, nee, der hat sich an einer Fahrschülerin vergangen, die hat sich beschwert, und dann ist er rausgeflogen.«

11. Woche (1101,80 Euro)

»Mensch, Mädel, warum fährst du denn im zweiten Gang an?«, fragt Dieter, und ich antworte nicht. Warum wohl, Dieter? Wahrscheinlich, weil ich vergessen habe, nach dem Halten in den ersten Gang zu schalten. Die Welt dreht sich trotzdem weiter. Ich habe gerade meine zwanzigste Fahrstunde. Eigentlich wollte ich doch jetzt fertig sein. Bin ich aber nicht. Na ja, dann werden es eben dreißig Stunden. Aber mehr nicht!

»Was ist jetzt eigentlich mit Mike?«, frage ich. Dieter atmet schwer ein und dann seufzend aus. Ein guter Fahrlehrer würde mir jetzt nichts sagen und an der Sache mit der Krankschreibung festhalten. Er darf mir nicht sagen, was mit Mike wirklich los ist. Er darf mir auch nicht sagen, was Mike hat, falls er wirklich krank ist.

»Der ist weg«, sagt Dieter. Weg. Was soll das denn heißen? Die Erde hat sich aufgetan und ihn verschluckt? Er hat seine Sachen gepackt und ist nach Syrien abgehauen? Er ist durchgebrannt mit Steffi, und sie stehen jetzt in Las Vegas vor einem falschen Elvis und geben sich das Jawort?

»Der hat einfach gekündigt.« Ach, der war also gar nicht krank.

»Erst schrieb er, er wäre krank, und dann kam noch eine SMS, dass er aufhört.« Dieter schüttelt den Kopf. Das mit der SMS, das missbilligt er bestimmt.

»Mit SMS, tzzz. Aber wir waren sowieso nicht so zufrieden mit ihm.«

Ach, nicht zufrieden mit Mike? Interessant. Und eigentlich dürfte Dieter jetzt gar nicht weiterreden. Das macht man doch nicht! Das DARF er nicht!

»... wir haben ja jetzt seine Fahrschüler. Also, die haben wir aufgeteilt. Der Chef hat die eine Hälfte und ich die andere.« Ah, bin ich also ein Teil von der anderen. »Und wir sehen ja jetzt, dass er denen fast nichts beigebracht hat.« Oha, jetzt geht es aber ans Eingemachte. »Der ist einfach nur spazieren gefahren. Das ist der. Spazieren gefahren.« Soso. Spazieren fahren heißt wohl in Fahrschullehrerkreisen, dass man den Fahrschülern nicht genug beibringt. »Die eine, die Steffi, die meinte, er ist gleich in der zweiten Stunde mit ihr auf die Autobahn gefahren.« Dieter schüttelt wieder den Kopf. Wahrscheinlich ist das unter Fahrlehrern verpönt oder verboten oder schlecht wie Frontalunterricht und Lehrerecho in Lehrerkreisen.

»Nee, nee, zweite Stunde und gleich Autobahn. Da ist er dann gefahren.« Das scheint auch so ein Fahrlehrerspruch zu sein: »Er ist gefahren.« So vom Beifahrersitz aus. Oder telepathisch oder durch bloße Willenskraft. Ich sag mal lieber nicht, dass ich mit Mike auch auf der Autobahn war. Ich fand das eigentlich ganz gut, auch wenn ich anscheinend nicht selbst gefahren bin – aber wenigstens hatte ich dann später nicht so einen Schiss vor der Autobahn.

Ich bin irgendwie verwirrt. Im Gegensatz zu Harald fand ich Mike doch gut. War er jetzt gar nicht gut? Mike hatte doch gesagt, dass bei ihm noch nie ein Fahrschüler durchgefallen wäre. Das heißt doch eigentlich, dass er ein guter Fahrlehrer sein muss.

»Sind denn bei Mike viele durchgefallen?«, frage ich

Dieter, und es soll ganz beiläufig klingen. So wie eine kleine Frage, die mir gerade eingefallen ist, und nicht wie die Frage, die ich Dieter stellen möchte, seit ich die Seitenspiegel ausgeklappt habe.

»Durchgefallen? Der hat doch fast keine Prüfungen gehabt.« Ach so. Verstehe. Vielleicht hatte er drei Prüfungen, und die haben es geschafft, und das erklärt dann auch die hohe Erfolgsquote. »Nee, nee, der ist mit seinen Leuten wirklich nur spazieren gefahren«, sagt Dieter. Ich erzähle ihm jetzt mal lieber nicht, dass ich mit Mike auch mal im tiefsten Britz war, damit er irgendeiner Karina eine DVD in den Briefkasten schmeißen konnte.

Auf dem Nachhauseweg telefoniere ich mit meiner Schwester. Ich erzähle von Mike und berichte ihr, was ich alles lerne.

»Ich weiß jetzt zum Beispiel schon, wann man die Warnblinkanlage anschalten muss. Bei Stau, Panne, Unfall und beim Abschleppen«, sage ich.

»Ja, genau«, sagt meine Schwester, »und beim Zurückgeben der Teresa-Orlowski-Videos des Fahrlehrers, wenn man vor der Videothek in der zweiten Reihe steht.« Sie lacht: »Mein Fahrlehrer hat dann auch immer gesagt, ich soll doch noch die Motorhaube aufmachen, dann sähe das aus, als hätte ich eine Panne.«

12. Woche (1201,80 Euro)

»ERST FAHREN, DANN LENKEN!!! Mensch, Mädel, warum machst du denn nicht, was ich sage?« Irgendwie klappt das heute mit dem Einparken nicht so gut, und Dieter zetert und zetert. »Mach das doch einfach so, wie Dieter dir das sagt!« Ich nehme einen neuen Anlauf. Wieder alles falsch.

»Mensch, Mädel, warum fährst du nicht langsam, wenn ich sage langsam?«

»Vielleicht, weil du mich mehr anmeckern musst«, sage ich.

»Ich meckere doch gar nicht. Ich sage dir nur, was du machen sollst.«

»Aber wahrscheinlich musst du mir das einfach noch aggressiver sagen.« Ha, paradoxe Intervention. Dieter wird ein bisschen ruhiger. Ich fahre aus der Parklücke raus.

»Ich bin doch nicht aggressiv. Ich bin die Ruhe selbst.« Ich muss lachen. »Was? Du? Die Ruhe selbst? Du bist doch total aggressiv, und ich lass mich nicht gerne anmeckern.«

Und wenn ich eins bei diesen ganzen Fahrstunden gelernt habe, dann ist das, wie wichtig mir Lob für jeden kleinen Scheiß ist und wie krass sich das anfühlt, wenn man angemeckert wird. Eine wichtige Erkenntnis für eine Lehrerin, die sich nun schon seit 15 Jahren durch Tausende von Lerngruppen meckert.

Dieter nimmt seine Zigarettenpackung aus der Jackentasche und sucht sein Feuerzeug. Der will doch jetzt nicht rauchen, oder? Der will doch nicht hier im Auto, während meiner Fahrstunde, rauchen? Er findet das Feuerzeug.

»Du willst doch jetzt nicht rauchen, oder?«, frage ich.

»Doch, wieso?«

»Na, wir sind hier im Auto.«

»Du rauchst doch auch.«

»Ja, aber doch nicht im Auto. Außerdem macht man das doch nicht.«

»Was?«

»Na, während der Fahrstunde rauchen.«

Dieter guckt mich verwundert an. »Warum?«

»Du willst mir jetzt nicht erzählen, dass es normal ist, dass der Fahrlehrer während der Fahrstunde im Auto eine Zigarette raucht? Das willst du mir jetzt nicht ernsthaft erzählen, oder?« Dieter öffnet sein Fenster fünf Zentimeter und ascht raus. Wenn das sein Chef wüsste ...

Ich konzentriere mich auf den Verkehr. Vielleicht wird er ja etwas netter, wenn ich ihn rauchen lasse. Vielleicht meckert er nur so, weil er rauchen will.

Aber Dieter sieht die Verantwortung für mein Nichteinparken-Können ganz woanders: »Du bist wahrscheinlich zu ungeduldig. Ihr jungen Leute seid heute alle so ungeduldig«, sagt Dieter, jetzt in einem sehr viel netteren Tonfall. Schön, dass ich für ihn Teil der ›jungen Leute‹ bin. Das war ich ja bei Harald nie. Aber im Vergleich zu Dieter bin ich ja auch ein Spring Chicken. Er ist auf alle Fälle schon im Rentenalter. Ende 60, würde ich sagen. »Ihr seid alle sooo ungeduldig. Das hängt meistens mit eurem Beruf zusammen. Was machst du denn?«, fragt er.

Oh Gott. Beruf. Was sage ich denn jetzt? Lehrerin auf keinen Fall. Soll ich es jetzt mal mit dem Rodeoreiten probieren? Ich könnte ihm was von saisonbedingter Pause erzählen. Aber wenn er dann nachfragt? Am Ende kennt er sich noch mit Rodeos aus.

»Nun sag doch mal, was du arbeitest.« Ich schüttele den Kopf und mache eine wegwerfende Handbewegung. Die so was wie: ›Ach, frag nicht weiter nach, das willst du gar nicht wissen‹, ausdrücken soll. Auf der Bank habe ich mal den Finanzberatern, die mir irgendwelchen kurz-, mittel- und langfristigen Anlageschmonz verkaufen wollten, auf die Frage, womit ich mein Geld verdiene, gesagt: Prostitution. Das war damals sehr lustig. Aber wenn ich das jetzt sage, dann fragt Dieter garantiert nach, und die Chancen sind groß, dass er sich da besser auskennt als ich.

Dieter lässt nicht locker: »Wie, also machst du gar nichts? Dann bist du Hausfrau.« Wir stehen an der Ampel und warten auf Grün. Ich gucke zu Dieter und sage: »Hausfrau? Nee.« Anlügen will ich ihn auch nicht, aber wenn man so dermaßen wenig im Haushalt macht wie ich, dann kann man sich nun wirklich nicht Hausfrau nennen. Soll ich einfach sagen, dass ich im Lotto gewonnen habe und jetzt nie mehr arbeiten muss? Nee, lieber nicht, dann brummt der mir doch bestimmt endlos viele Fahrstunden auf.

Ich wechsele einfach das Thema: »Sag mal, Dieter, bei der Prüfung, muss man da auch wenden können?« Und schon ist es egal, was ich arbeite, und ich erhalte einen schönen Mensch-Mädel-Vortrag darüber, was alles in der Prüfung drankommt. Ich konzentriere mich auf die Straße und lasse Dieter neben mir reden. Ist wie Radio. Läuft einfach so, und man muss nicht so genau hinhören.

Als wir uns verabschieden, erzählt mir Dieter von seinen Nachmittagsplänen. »Jetzt habe ich noch eine Fahrstunde, und dann muss ich nach Hause. Die Putzfrau kommt.« Er macht eine kurze Pause. »Ich leiste mir jetzt eine Putzfrau.« Ich gucke ihm direkt in die Augen und sage: »Na, hoffentlich ist die auch angemeldet!« Dieter schluckt. Ha, jetzt hab ich es! Wenn er noch mal nach meiner Arbeit fragt, dann sage ich, ich bin beim Finanzamt!

Als ich nach Hause komme, liegt ein Brief im Briefkasten. Ein Brief. Ein offizieller Brief mit einem Adressfenster. Finanzamt? Nee, die haben doch immer so Umweltschutzbriefumschläge. Was steht denn da oben, über meiner Adresse in einer 4er-Schrift? Landesamt für Bürger- und Ordnungsangelegenheiten. Häh? Was ist das denn? Was habe ich falsch gemacht? Welche Ordnungswidrigkeit habe ich denn begangen? Ich zeige dem Freund den Brief. Er hat gar kein Mitleid, sondern ruft sofort: »Oh, hat der perfekte Bürger was falsch gemacht? Kommt die Polizei gleich?« Der Doofe. Ich öffne den Brief. Und es ist die Zulassung zur Prüfung zur Ersterteilung der Fahrerlaubnis der Klasse B. Jetzt schon?! Ich könnte also morgen die theoretische Prüfung machen. Und dann auch bald die praktische. Ich hatte mit dem Brief erst in vier Wochen gerechnet. Jetzt ist mir das noch alles viel zu früh. Das Theoriebuch, das mir eine Freundin geliehen hat, liegt noch völlig unangerührt in einer Ecke meines Schreibtisches. Ich hab da noch nicht ein Mal reingeguckt. In der Theoriestunde haben mir die anderen empfohlen, mir so Führerschein-Apps aus dem Internet runterzuladen. Die habe ich schon seit vor Weihnachten. Ich übe zwar immer ein bisschen mit denen, aber ich hatte noch nie null Fehler, und das mit der Brems- und Anhaltewegberechnung, das schiebe ich nun schon seit Wochen vor mir her.

Am nächsten Tag gehe ich zur Fahrschule. In der Nacht hat es geschneit. Das Wetter macht, was es will. Ich würde gerne mal im Schnee fahren. Das ist bestimmt gemütlich, wenn alle langsam vor sich hin schleichen. Aber diesen Winter gab es bisher nur einen Tag mit richtig viel Schnee auf den Straßen, und da hat es erst am Nachmittag angefangen zu schneien. Da war meine Fahrstunde schon vorbei.

Dieter steht im Restschnee vor der Fahrschule und raucht.

»Rate mal, was ich heute bekommen habe«, sage ich.

»Deinen Zulassungsbrief für die Prüfungen.« Ich nicke.

»Ich weiß aber gar nicht, ob ich schon genug kann.«

»Weißt du, was mein Grundschullehrer immer gesagt hat?«

»Nee.«

»Der hat immer gesagt: Was Hänschen nicht lernt, lernt Hans nimmermehr.« Dann bin ich wohl Hans. Aber was will Dieter mir damit sagen?

»Häh? Was meinst du denn damit? Meinst du, ich kann das nicht mehr lernen oder wie?«

Dieter legt mir großväterlich den Arm um die Schulter: »Mädel. Es ist wissenschaftlich erwiesen, dass man in deinem Alter …«

»Jetzt komm mir nicht schon wieder damit. Das habe ich zur Genüge in der alten Fahrschule gehört. Ich weiß, ich weiß. Ich bin alt und kann nichts mehr dazulernen. Was heißt das denn jetzt? Dass ich die theoretische Prüfung nicht machen kann, oder wie?« Langsam nervt mich diese komische Einstellung wirklich. »Und, Dieter, hast du mir nicht neulich erzählt, dass die beiden Jungs, die bei dir Fahrstunden nehmen, mit über 25 und 29 Fehlerpunkten durch die Theorie geflogen sind? Und das waren ja wohl Hänschens.«

»Die waren faul.« Wir laufen zum Auto. Ein paar Jugendliche kommen uns entgegen. Zwei Jungs schubsen sich gegenseitig auf den Radweg.

29 Fehlerpunkte! Diese beiden Jungen, die Dieter da neben mir unterrichtet, scheinen nicht die hellsten Kerzen auf der Torte zu sein. Wie kann man denn zur theoretischen Prüfung gehen, wenn man es noch so wenig draufhat? Wir stehen vor dem Auto. Dieter raucht noch, ich setze mich in den Wagen, stelle die Spiegel und den Sitz ein. Mittlerweile bin ich voll der Profi. Dieter setzt sich neben mich.

»Okay, deine Jungs waren faul. Aber die waren doch total jung. Ist ja komisch, dass das nicht immer hinhaut, dass die Jugend alles so toll und schnell lernt.«

Wir sprechen über die Prüfungen. Es stellt sich raus, dass auch junge Leute durchfallen können. Dieter sagt leider nicht, dass bei ihm nie jemand durchfällt. An der ersten Ampel sagt er: »Intelligenz hat nichts mit Autofahren zu tun.« Ich denke: Häh?

»Du meinst, Autofahren hat nichts mit Intelligenz zu tun?«

»Nee, nee, Intelligenz hat nichts mit Autofahren zu tun. Es gibt Airbuspiloten, die sehr, sehr schlechte Autofahrer sind.« Jetzt kann ich gar nicht mehr folgen.

»Es gibt bestimmt auch sehr intelligente Leute, die nicht Airbusse fliegen. Vielleicht nicht mal Auto fahren, oder ist jetzt der Airbuspilot der Inbegriff von Intelligenz?«

Ich rolle an die Ampel. Wie sagt Dieter immer: »Erst halten, dann schalten.«

Und: »Mensch, Mädel, du sollst nicht denken. Du sollst einfach machen, was Dieter dir sagt.« Na gut.

Dieter stresst. Das Wetter stresst auch. Gerade hat es noch geschneit, und jetzt tut das Wetter so, als sei Frühling. Es ist zwar voll warm, aber depressiv grau draußen. Und man schwitzt sofort. Draußen und auch im Auto, weil Dieter immer die Heizung so aufdreht. »Mensch, Mädel, warum machst du nicht einfach, was ich dir sage?«, fragt Dieter, nachdem die Fahrstunde vorbei ist und wir in dem überhitzten Auto sitzen. Ich starre geradeaus. »Einfach nur machen, was ich sage.«

»Ja, ja, ich weiß. Nicht denken.« Du sollst nicht denken, sagt er immer. Was ist das für ein komischer Satz? Nicht denken … das kann ich gar nicht. Ich denke: Dieter, du rauchst zu viel. Dieter, rauch doch bitte nicht während der Fahrstunde. Dieter, sag doch nicht immer »Mensch, Mädel«. Dieter, erzähl mir bitte nicht dauernd so einen Scheiß mit Küche und Multitasking und Frauen und Männern und Auto fahren.

»Mensch, Mädel, warum hast du es denn so eilig? Roll doch einfach an die Ampel ran. Die ist doch sowieso noch rot. Erst halten, dann schalten. Du willst immer schalten, wenn der Wagen noch rollt. Ich weiß, ich weiß, Multitasking. Ihr Frauen denkt immer, ihr könnt zwei oder drei Dinge auf einmal machen. Aber das könnt ihr nicht.« Dieter, sag doch einfach, dass du denkst, dass Frauen es nicht draufhaben. Und natürlich können wir Frauen mehrere Dinge auf einmal machen. Nur weil du das nicht kannst, heißt das noch lange nicht, dass wir das auch nicht können. Und, Dieter, wir Lehrerinnen, wir sind die Meister im Multitasking! Ach Dieter, denke ich, wenn du wüsstest …

»Der raucht??? Im Auto??? Du tust mir so leid, dass du mit so einem ekligen Mann im Auto sitzen musst«, sagt Frau Dienstag. Ich habe sie gleich nach der Fahrstunde angerufen. Der Weg nach Hause ist immer etwas langweilig, und ich will auch immer jemandem erzählen, was ich in der Fahrstunde erlebt habe.

»Frau Dienstag, wo bist du eigentlich? Im Auto?«

»Ja, ich fahre gerade von der Arbeit nach Hause. Auto fahren macht ja sooo Spaß. Ich finde das sooo schön für dich, dass du auch bald einen Führerschein hast.«

»Du darfst nicht während der Fahrt telefonieren«, sage ich.

»Ich hab Freisprech«, sagt sie.

»Ist egal. Soll man trotzdem nicht machen«, sage ich.

»Echt nicht?« Immer, wenn Frau Dienstag was falsch macht, also sich nicht an die Straßenverkehrsordnung oder das, was ich in meinem Theorieunterricht gelernt habe, hält, und ich sie darauf hinweise, dann tut sie ganz unwissend.

»Ja, telefonieren und Navi einstellen sind voll gefährlich, wenn man Auto fährt. Das musst du dir mal merken«, sage ich und weiß, dass sie sofort jemand anderen anrufen wird, nachdem wir aufgelegt haben.

13. Woche (1301,80 Euro)

»Ich sag doch ganz genau, was du machen sollst.« Irgendwie ist Dieter der Meinung, dass ich mit Absicht die Kupplung in den falschen Momenten trete. Ich bin mir gar keiner Schuld bewusst. Ich mache alles so wie immer. Zweiundzwanzig Fahrstunden lang war das okay, aber heute ist das wohl falsch.

»Hast du denn den Eindruck, dass ich nicht mache, was du sagst?«, frage ich. Ruhig mal was fragen – kommt immer gut.

»Ja, den Eindruck habe ich.«

Natürlich mache ich immer noch viele Fehler, auch wenn ich heute voll gut rückwärts eingeparkt habe, aber die mache ich doch nicht mit Absicht. Denkt Dieter, dass ich die Fehler mit Absicht mache? Was hätte ich denn davon? Ich versuche die ganze Stunde nur das zu machen, was er mir sagt, und er meckert die ganze Zeit rum. Es muss schwer sein, Fahrlehrer zu sein.

Sorry, Dieter, ich will dir das Leben nicht so schwermachen. Ich werde mir mehr Mühe geben. Versprochen. Vielleicht ist Dieter auch nur schlecht drauf. Dabei habe ich sogar versucht, ihn mit einem Witz aufzuheitern.

»Weißt du, was ich gestern gemacht habe?«, fragt er, als wir durch die 30er-Zone hinter dem TÜV-Gelände in Tempelhof schleichen.

»Nee?«

»Ich hab unter meinem Bett gesaugt und das Bett gewischt und das Spannbettlaken abgezogen und ein neues auf die Matratze gemacht.«

»War schon wieder ein Jahr rum, ja?«, frage ich, weil ich glaube, dass so was Dieters Humor ist. Mike hätte das Betthema ganz anders aufgezogen.

»Was?«, fragt Dieter.

»War schon wieder ein Jahr rum, oder wie?«

»Nee, zwei.«

Oh Mann, Dieter, mein Witz war ja schon lahm, aber deiner ist ja nun unterirdisch. Zwei Jahre das Spannbettlaken nicht wechseln ist ja nun nicht doppelt so komisch wie ein Jahr. Ein Jahr ist doch schon eklig. Oder wechselst du das wirklich nur einmal alle zwölf Monate? Und überhaupt – ist das Beziehen des eigenen Bettes eine Wochenendbeschäftigung, die so spannend ist, dass man die weitererzählen muss? Na, wenn man das selten macht, dann ja. Und, Dieter, weißt du, was ich gestern gemacht habe? Ich hab mir die Zähne geputzt. 2016 ist ja wieder ein Schaltjahr.

14. Woche (1451,80 Euro)

»Kannst du das Fenster aufmachen?«, frage ich. Das ist heute meine dritte Fahrstunde diese Woche. Die siebenundzwanzigste insgesamt. Dieter raucht mittlerweile Kette, während er mich mit genervtem Ton durch Tempelhof manövriert. »Fenster is' doch auf.«

»Aber ein bisschen weiter, die Luft ist so schlecht, und es ist so warm hier drin.« Wir diskutieren hin und her, und dann mache ich mein Fenster auf.

»Jetzt zieht es«, sagt Dieter. Ich mache mein Fenster wieder zu.

Heute versuche ich, nur zu machen, was Dieter sagt. Wenn er nicht sagt, wohin ich lenken soll beim Einparken, dann bleibe ich einfach stehen und warte. Nicht denken. Das hat er mir jetzt so oft gesagt, dass ich wirklich aufhöre zu denken und warte, bis ich seine Anweisungen höre. Ich antworte sogar einmal mit: »Yes, Sir.« Ich bin aber auch kurz davor, einfach das Auto zu verlassen und zur U-Bahn zu gehen. Dieter neben mir – das ist absurdes Theater. Er ist die Karikatur eines Fahrlehrers. Eines Berliner Fahrlehrers. Berliner sind ja schon an sich wie Fahrlehrer. Ich bin ja selbst Berliner, weiß also, wovon ich spreche. Und dann ist Dieter auch noch alt.

»Weißt du, was ich gerne wüsste?«, fragt Dieter.

»Nee.«

»Ich wüsste gerne, was die Erika macht.«

Ja, das wüsste ich auch gerne. Das Nervige an so Dieter-

Typen ist, dass sie immer erwarten, dass man nachfragt. Ich glaube, sie denken, das ist dann gelungene Konversation. Sie fragen was, und dann müsste man ja eigentlich antworten. Aber was antwortest du denn auf »Weißt du, was ich gerne wüsste?«? Also musst du wieder nachfragen. »Was wüsstest du denn gerne?« Na ja, zurück zu Erika.

»Die hatte ich kurz nach meiner Scheidung kennengelernt. Eine süße Maus war das. Aber die Kleene hat leider so geklammert.«

»Oh.«

»Tja, ja. Die Erika ... dit wurde dann ooch nüscht mit uns beeden.«

»Bist du denn jetzt verheiratet, Dieter?«

»Nee.«

»Na, dann melde dich doch mal bei der Erika.« Ich erwarte ein: »Gute Idee, das werd ich mal machen.« Stattdessen: »Die hat wahrscheinlich vier Gören und sooo einen Arsch.« Die rechte Hand hat Dieter an der rechten Scheibe und die linke vor meinem Gesicht. Aha.

»Ist doch gut«, sage ich. Außerdem könnte Dieter froh sein, wenn Erika ihn noch nehmen würde. So mit dem Raucherhusten, dem klappernden Gebiss und dieser ewigen Sprücheklopferei. Aber was weiß ich denn schon. Ich soll ja nicht denken. Ich soll ja nur machen, was Dieter sagt.

15. Woche (1501,80 Euro)

Meine achtundzwanzigste Fahrstunde. Insgeheim dachte ich ja, dass zwanzig reichen würden, aber ich schaffe das wohl nicht mal mit dreißig Stunden. Ich habe ein bisschen Kopfschmerzen, und ich glaube, ich werde krank. Der Hals kratzt. Heute darf Dieter nicht im Auto rauchen. So viel steht schon mal fest. Ich sage einfach: »Kannst du heute mal bitte nicht rauchen?« Oder soll ich das gar nicht als bittende Frage formulieren, sondern sagen, dass ich nicht möchte, dass er im Auto raucht? Vielleicht denkt er dann, ich bin zickig. Ich glaube, das denkt er sowieso. Soll ich das vorher sagen, wenn er noch gar nicht raucht, oder eher beiläufig, wenn er die Packung rausholt? Wie formuliert man das am besten? Und soll ich dann auch gleich sagen, dass er mich nicht immer »Mensch, Mädel« nennen soll?

»Ich hab vorhin festgestellt, dass du ein halbes Jahr älter bist als mein Sohn«, sagt Dieter zur Begrüßung.

»Aha.«

»Aber nicht, dass du mich jetzt Papa nennst.«

»Nee, nee, keine Angst.«

»Hehe, das wäre ja was. Papa. Weil, ich könnte ja dein Vater sein.«

Bist du aber nicht, denke ich. Und ich habe gar nicht das Bedürfnis, jeden Mann, der älter ist als ich, Papa zu nennen. Das wäre ja auch seltsam. »Herr Schulleiter, Papa, äh, sorry …« Da braucht Dieter also keine Angst zu haben.

Wir gehen zum Auto und er raucht. Ich rauche nicht, weil

ich ja sonst meine »Ich bin ein bisschen krank«-Story später nicht so gut rüberbringen kann. Dieser Weg zum Auto ist immer etwas unangenehm. Worüber redet man. Ich versuche, mir immer neue Fragen zur theoretischen oder zur praktischen Prüfung auszudenken, und Dieter labert immer irgendwas vom Wetter oder kritisiert die anderen Autofahrer.

»Puh, ganz schön warm heute.«

Ich nicke. Frage dann: »Wenn man die theoretische Prüfung bestanden hat, wie lange muss man dann warten bis zur praktischen?«

»Mensch, Mädel, sei doch nicht so ungeduldig. Prüfung, Prüfung, jetzt lern doch erst mal Auto fahren. Ihr seid alle viel zu ungeduldig.«

Wir fahren so rum. Immer an der gleichen Schule vorbei. Wie jeden Tag ist hier langsam fahren angesagt, und wie jeden Tag ist hier kein Kind zu sehen. Und immer an der gleichen Stelle sagt Dieter: »Hier kannst du wieder 50 fahren. Schleich nicht so! Hast du das Schild nicht gesehen?« Ich versuche, alles richtig zu machen. Entspannt mit dem Rücken am Sitz zu kleben und nicht, wie ich mir das bei Frau Dienstag abgeguckt habe, mit der Nase an der Windschutzscheibe zu hängen. »Mensch, Mädel, entspann dich doch mal.«

»Ich bin entspannt.«

»Nee, bist du nicht. Deine Fingerknöchel sind ganz weiß, und lehn dich doch mal an!«

Ich bemühe mich sehr, die Kupplung ganz weich kommen zu lassen und dabei noch sanft Gas zu geben. »Kupplung weicher kommen lassen und dabei Gas geben! Weicher kommen lassen! Mensch, Mädel, mach doch einfach, was ich sage!« In meinem Kopf höre ich dauernd: »Rückspiegel, Seitenspiegel, Schulterblick, Rückspiegel, Seitenspiegel, Schulterblick ...« Ich möchte wirklich alles richtig machen. Nur eine Sache vergesse ich immer: Bevor ich blinke, wenn ich zum Beispiel auf eine rote Ampel zufahre, da vergesse ich immer in die Spiegel zu gucken. Irgendwie geht das nicht in meinen Kopf rein, dass ich schon in die Spiegel gucken soll, wenn ich nur auf die rote Ampel zurolle und noch gar nicht abbiege. Ich muss ja später sowieso noch mal ... aber ich soll ja nicht denken. Ich soll ja nur machen, was Dieter sagt. Und Dieter sagt: »Einparken.«

Heute parken wir, was das Zeug hält. »Spiegel auf Spiegel, rollen lassen, anhalten, noch mal gucken, dann hart nach rechts eindrehen, bis 45 Grad entstehen, und dann nach links lenken.« Irgendwie will das nicht klappen. Ich lande entweder auf dem Bordstein oder zu stumpf oder zu spitz irgendwo, wo ich dann nicht mehr einparken kann.

»Mensch, Mädel, ich hab doch gesagt 45 Grad. Warum machst du das denn nicht?« Ich versuche es immer wieder.

»Mensch, Mädel, mach doch einfach, wie Dieter sagt. Jetzt hast du zu langsam gelenkt. Jetzt zu schnell. Toll, das war der Bordstein.«

Was mache ich nur falsch? Ich will das wirklich lernen. »Sag mal, Dieter, 45 Grad von was denn eigentlich?«

Er erklärt mir, von was: »Weißt du nicht, was 45 Grad sind?«

Na ja, denke ich, 5 Grad wärmer als beim Bikram-Yoga.

»Du hattest doch Geometrie, oder nicht?«

»Ja, ja, schon. Aber ist schon etwas länger her.« Hier ein

schönes Beispiel, wo Mathe dann doch mal im Alltag vorkommt. Hätte ich damals mal besser aufgepasst. Ich probiere weiter und irgendwann klappt es. Ich erwarte Lob. Lob kommt nicht. Statt Lob heißt es nur: »Nächste Möglichkeit nach rechts.« Wir sind wieder auf einer großen Straße. Ich fahre 50. Schalte weich, bremse vorbildlich, biege tangential ab. Ich finde, ich mache alles gut.

Dann fahren wir auf eine rote Ampel zu. »An der Ampel links abbiegen«, sagt Dieter, und ich betätige den Blinker. Plötzlich haut Dieter mit der Hand gegen das Plastik vor ihm. »Du hast wieder nicht in die Spiegel geguckt. RÜCKSPIEGEL, SEITENSPIEGEL, SCHULTERBLICK! WIE OFT SOLL ICH DAS DENN NOCH SAGEN?« Oh Scheiße, das hatte ich wirklich vergessen. Aber die Ampel war ja sowieso noch rot und … »Ich sage das immer wieder, und du machst das nicht.«

»Ich mach das doch nicht mit Absicht nicht.«

»Mehr, als dir das immer wieder zu sagen kann ich aber nicht. Dann sage ich dir das einfach nicht mehr.« Häh? Wie ist er denn jetzt drauf?

»Wie? Was meinst du?«

»Na, dann sage ich dir das einfach nicht mehr. Und dann wirst du ja sehen, in der Prüfung …«

»Moment mal! So geht das ja wohl nicht. Du MUSST mir das doch sagen! Du bist doch der Fahrlehrer!«

»Wieso? Wenn du nicht machst, was ich sage, dann bringt das doch nichts. Dann kann ich das auch sein lassen.«

Jetzt werde ich auch lauter: »Häh? Soll ich dann auch einfach mal kein Geld mehr mitbringen? Deine Aufgabe ist doch, mir das beizubringen. Und ich LERNE das noch, und wenn ich das nicht mache mit dem Blinken, dann, weil ich es vergesse. Wenn du denkst, dass ich so ein hoffnungsloser Fall bin und du mir das nicht beibringen kannst, dann gib mich doch an Murat ab.« Der spinnt ja wohl. »... dann sagt er mir nichts mehr.« Tzzz. Das ist doch wohl sein verdammter Job!

Wir fahren schweigend weiter. Ich mache das Fenster auf.

»Mensch, ist das voll hier. Was ist denn heute los?« Dieter wechselt das Thema, plaudert den Rest der Stunde über irgendwas. Ich parke noch mal ein. Er lobt mich sogar. »Ja, war okay jetzt.« Rauchen will er auch nicht.

An der Fahrschule steht Murat. Dieter gibt mir die Hand. »Und geh in dich!«, sagt er. Jetzt reicht es aber. Ich sage: »Du aber auch!« Er guckt mich verwundert an. »Dieter, der Ton macht die Musik! Ich möchte nicht die ganze Zeit angemeckert werden!« Das wird ihm zu denken geben. Vielleicht hört nach dem Rauchen im Auto auch das Menschmädel und das Gezeter auf ... Vielleicht friert aber auch morgen die Hölle zu.

Warum will Dieter mich eigentlich nicht loben? Man muss seinen Schüler doch motivieren. Wenn man merkt, dass jemand etwas gut und richtig oder wenigstens nicht falsch gemacht hat, dann kann man das doch sagen. Das freut doch den Lerner. Das motiviert ihn doch weiterzumachen. Dieter sagt immer, dass er mich nicht lobt, damit ich bloß nicht denke, dass ich schon alles kann. Niemals würde ich denken, dass ich schon Auto fahren kann. Wie kommt er darauf?

Lernen ist so ein steiniger Weg, der nur bergauf führt, und manchmal kann man halt nicht mehr, und da braucht man jemanden, der einem zuruft: »Du schaffst das! Du bist schon weit gekommen! Geh einfach hoch! Du machst das gut!« Aber was Dieter mit mir veranstaltet, ist eher das Gegenteil. Immer, wenn ich mich ein paar Zentimeter den Berg hochgequält habe, zieht er mich wieder runter. Harald war ja noch schlimmer, der hat sich mit ausgebreiteten Armen vor mich gestellt und geschrien: »Das schaffst du doch nicht!«

Wenn ich eines in den letzten Monaten gelernt habe, dann ist das, wie wichtig Loben ist. Ohne Lob keine Motivation und ohne Motivation kein Lernerfolg. Okay, man kann auch Ehrgeiz entwickeln, wenn einem nie etwas zugetraut wird. Dann entsteht so ein »Ihr werdet schon noch sehen!«-Gefühl, das einen auch zu Höchstleistungen antreiben kann.

Ich habe mir jedenfalls fest vorgenommen, dass ich meine Schüler in Zukunft mehr loben werde. Manchmal dachte ich, dass ich zu oft lobe, aber man hat ja so viele Schüler in einer Klasse, und meistens bekommt dann jeder nur ein Lob. Wahrscheinlich lobe ich in einer Unterrichtsstunde auch nicht jeden einzelnen Schüler. Das wären dann ja mindestens zwanzig wertschätzende Sätze. Das kommt mir jetzt ein bisschen viel vor. Ich sage doch viel öfter, was die Schüler machen sollen und was sie unterlassen sollen. Das ist nicht nur kein Loben, das ist vielleicht sogar das Gegenteil von Lob. Am Ende bin ich Harald und Dieter ähnlicher, als ich dachte. Vielleicht regen sie mich deshalb so auf.

Dieter ist mein Spiegel, der direkt meine schwarze Seele reflektiert. Schwarze Seele. Schwarze Pädagogik. Seitdem ich bei Dieter bin, muss ich immer wieder an Hassan denken. Hassan war in einer achten Klasse, die ich in Englisch hatte. Hassan störte von Anfang an den Unterricht und war ziemlich fies und gemein zu seinen Mitschülern. Ein Mädchen wurde regelrecht gemobbt von ihm. Leider muss ich zugeben, dass Hassan mir sehr unsympathisch war. Man sollte das nicht glauben, aber eigentlich sind mir in meiner Laufbahn als Lehrerin nie Schüler oder Schülerinnen begegnet, die ich überhaupt nicht mochte. Zu manchen hat man einen besseren Draht als zu anderen, aber so richtige Abneigung empfinde ich Schülern gegenüber eigentlich nicht. Bei Erwachsenen sieht das schon anders aus. Jedenfalls war Hassan in meinen Augen ein ziemlicher Stinkstiefel. Es wird auch niemanden überraschen, wenn ich sage, dass er mich auch nicht mochte. Oft gerieten wir aneinander. Eines Tages reichte es mir. Seine schlechte Laune, sein störendes Verhalten während des Unterrichts und seine fiesen Sprüche gegen die arme Mitschülerin, die ihm nichts getan hatte, brachten bei mir das Fass zum Überlaufen. Nach dem Unterricht bat ich Hassan, noch kurz bei mir zu bleiben. Widerwillig wartete er, bis ich meine Sachen zusammengepackt hatte. Dann ging ich mit ihm vor die Tür. Alle anderen Schüler waren zum Glück schon weg. Wenn ich könnte, würde ich diese Szene gerne ungeschehen machen, aber das geht ja leider nicht. Jedenfalls stellte ich mich vor ihn, sah böse auf ihn runter und sagte: »Weißt du, aus dir wird nichts.« Er sah mich nur an, und ich wiederholte den Satz noch zweimal, ließ ihn dann stehen und ging. Unser Verhältnis hat sich dadurch nicht gerade verbessert, und ich weiß selbst, dass diese Szene nicht zu den Glanzstücken in meiner Lehrerlaufbahn zählt. Ich denke oft an Hassan und frage mich, was aus ihm geworden ist. Bestimmt mehr als nichts.

16. Woche (1551,80 Euro)

»Geh doch mal raus«, sagt der Freund am Montagnachmittag.

»Nee, ich muss lernen.«

Ich will doch die theoretische Prüfung machen. Ich muss lernen. Ich muss das Buch durcharbeiten. Es gibt über tausend Fragen, und ich kenne gerade mal die Hälfte. Übe ich mit meinen drei Übungsapps? Nö. Statt üben – Netflix. Dieter sagt: »Unterschätz mal die Prüfung nicht!« Fängt der auch an wie Harald … Immer denken alle, ich unterschätze irgendwas, und dann immer in so einem Ton von oben herab: »Unterschätz dit ma nich', Määädel!« Nee, nee, keine Angst, mach ich nicht!

Welche Vorteile bietet ein Antiblockiersystem? Ah, das ist dieses ABS. Das Durchdrehen der Räder beim Anfahren wird verhindert? Durchdrehende Räder … wenn die durchdrehen, dann sind sie nicht blockiert. Aber sind denn Räder beim Anfahren blockiert? Was gibt es denn noch für Möglichkeiten? Hier: Starkes Bremsen und gleichzeitiges Ausweichen ist möglich? Das klingt doch gut. Nehme ich. Und dann noch: Beim Bremsen in Kurven wird die Kippgefahr vermindert. Bremsen in Kurven darf man doch nicht. Und Kippgefahr klingt krass gefährlich. Aber die Gefahr wird nur vermindert und nicht ganz weggemacht. Aber klingt wichtig. Wer will schon aus der Kurve kippen? Nehm ich also auch. Was ist jetzt mit dem Ersten, die durchdrehenden Räder? Ja, das Antiblockiersystem verhindert auch das. Ist bestimmt auch voll teuer, so ein ABS. In der Werbung heißt das immer: ABS – serienmäßig. Serien, hehe … Netflix? Okay, drei Antworten angeklickt. Auflösung antippen … und – FALSCH. Mist. Nur das mit dem Ausweichen ist richtig. Warum steht dann oben: Welche Vorteile (Mehrzahl) hat ABS? Ist doch nur ein Vorteil. Dieter würde jetzt sagen: »Nicht denken, einfach nur machen.« Stelle ich vielleicht wirklich zu viel in Frage?

Jedenfalls frage ich mich ernsthaft, wie man so viel lernen soll. Und das ist alles so kompliziert. Niemals können meine Schüler so eine Prüfung schaffen. Niemals. Die wissen doch gar nicht, was Vorrang und Gefälle und Fahrbahnbeschaffenheit ist. Die müssten sich da wirklich hinsetzen und lernen. Das haben die aber noch nie gemacht, und ich habe denen auch nicht LERNEN beibringen können. Also, wie die Schüler sagen würden: Ich habe sie nicht lernen gelernt.

Egal, die sollen das ja auch gar nicht schaffen, ich will das ja schaffen, also weiter! Rot-weiße Warntafel … tja, für was? Fahrzeuge mit Überbreite, Gefahrengutfahrzeug oder dieses Lange, irgendwas mit einem abgestellten Anhänger. Also, das Lange ist schon mal richtig. Brauche ich mir nicht mehr durchzulesen, nur das Zweite kann ich mir nicht merken. Ich weiß aber, dass da zwei Antworten richtig waren. Ich glaube Überbreite. Und? RICHTIG, yeah! Ah, jetzt eins mit Bild. Easy. Ich stehe vorm Berg. Womit muss ich hinter der Straßenkuppe rechnen? Natürlich muss man immer mit dem Schlimmsten rechnen. Spielende Kinder und wechselndes Wild, das ist immer das Schlimmste, ach, und die Blinden und die Alten, weil die wohl gerne bis zur Mitte laufen und dann umdrehen. Okay, und hier, langsames Fahrzeug und kaputtes Fahrzeug – warum sagen die nie Auto? – und dann natürlich irgendwo ein Hirni, der meinen Fahrstreifen benutzt. Und – yeah, RICHTIG!

Ah, die Haschisch-Zigarette-Frage. Die mag ich, und die Alkoholfragen auch. Kann ich alle. Immer null Fehler. Nie ist Haschisch-Zigarette gut oder unterstützt die Fahrtüchtigkeit. Und der Alkohol auch nicht. RICHTIG. Tunnel. Ah, da habe ich schon gelernt: Schlüssel stecken lassen, wenn es brennt. Aber bei Stau nicht aussteigen und weggehen. Das darf man auf keinen Fall verwechseln – Stau und Brand im Tunnel. Da wollen die einen immer austricksen. Okay, was ist bei dieser Tunnel-Frage … nicht wenden, Tunnelpersonal Folge leisten, na logo, und Abblendlicht. RICHTIG! Ich lese da immer Abendlicht. Sie müssen das Abendlicht anschalten.

Oh Mist, die hinausragende Ladung und die rote Leuchte. Wie hoch … oh Mann, keine Ahnung. Ich finde, lieber etwas höher. Nehmen wir mal zwei Meter. Oh, FALSCH. Egal, weiter. Ich muss üben: zulässige Gesamtmasse, geschlossene Ortschaft, Reaktionszeit, Anhalteweg, Fahreignungsregister, Lastzug, hinter mir wieder dieser ungeduldige Fahrer, Lichthupe, Fahrstreifenwechsel, wer hat Vorfahrt? Überholvorgänge. Wer darf zuerst fahren? Was machen Sie mit den Kindern auf der Straße? Wer darf hier fahren? Wer darf hier nicht fahren? Was heißt dieses Schild? Wer hat jetzt Vorfahrt?

Das ewige Andreaskreuz, die abgeknickte Vorfahrt, blinken, nicht blinken, Einfädelungsstreifen und Schienenfahrzeuge, Entlüftungsanlage und Stoßdämpfer, zulässige Dachlast, die tatsächliche Achsenlast – die kann mich mal, genauso wie die zulässige Gesamtmasse und der verbogene

Achslenker, ich habe auch ganz gut ohne lose Lenkungsdämpfer und die Gefahr einer falschen Radeinstellung an der Vorderachse gelebt. Spur und Sturz sind mir schnurz. Bremskraftverstärker?

Fliehkraft und Anhalteweg. Ich klicke mich durch die Simulationstests. Und am Ende: 25 Fehlerpunkte. Mist. Und der Computer motiviert mich auch nicht. In Knallrot steht da: Voll versagt, streng dich an! Na toll.

Nach meiner neunundzwanzigsten Fahrstunde gehe ich mit Dieter in die Fahrschule. »Dieter, wir müssen noch Termine machen für nächste Woche. Wie sieht es denn aus mit den restlichen Sonderfahrten?« Mir fehlen ja noch zwei von denen. Eine habe ich ja unerlaubterweise mit Mike gemacht. »Das hätte ich mit dir noch gar nicht gemacht. Überlandfahrt … tzzz. Der wollte nur seine Stunden vollkriegen«, erzählt mir Dieter in jeder Fahrstunde. Am liebsten würde er mich die Überlandfahrt noch mal machen lassen. Er kann sich auch gar nicht vorstellen, dass ich damals ordnungsgemäß über Land gefahren bin, weil ich ja seiner Meinung nach noch gar nicht so weit war. Aber sorry, Dieter. Die Überlandfahrt gebe ich nicht mehr her.

»Sonderfahrten? Mensch, Mädel, ihr seid immer sooo ungeduldig. Nun entspann dich doch mal.« Ich finde mich sehr entspannt und will eigentlich nur wissen, wie viel Zeit ich für diesen ganzen Führerschein noch einplanen muss.

»Ich meine ja nur, weil du gesagt hast, dass wir das dann bald machen.«

»Aber du bist noch nicht so weit«, sagt Dieter.

»Okay, wie viele Stunden brauche ich denn noch so ungefähr, bis ich so weit bin? Ich hab doch schon fast dreißig.«

»Das kann ich nicht sagen. Ich stecke ja nicht in dir drin.« Oh Gott, das ist ja eine ganz furchtbare Vorstellung. Der Dieter in mir drin. Nein, danke. Und jetzt geht das mit dem »Ich bin Fahrlehrer und kein Hellseher« wieder von vorne los.

»Aber Dieter, du bist doch nun schon sooo lange Fahrlehrer und hast sooo viel Erfahrung. Da müsstest du doch eigentlich sagen können, wie viele Fahrstunden ich noch brauche. So von meinem derzeitigen Leistungsstand gesehen.« Jetzt hab ich ihn. Geschlagen mit seinen eigenen Waffen. Und ich hau noch einen drauf: »So Erfahrungswerte, weißte.« Erfahrungswerte sind das doch auch immer, wenn er mir erzählt, dass wir Älteren mehr Stunden brauchen als die Jungen. Was ist denn jetzt mit den tollen Erfahrungswerten, Kollege Schnürschuh? Nichts zu machen. Ich kriege von Dieter keine Antwort. »Mensch, Mädel, es dauert eben. Entspann dich!« Wie ich das hasse, wenn mir dauernd jemand sagt, ich soll mich entspannen, wenn ich ganz entspannt bin. Der soll mich mal angespannt sehen. »Aber Dieter, weißte, dieses Führerscheinmachen ist ja auch nicht das Einzige, was ich in meinem Leben tue. Ich muss auch ein bisschen planen. Ich wollte noch verreisen. Aber das hängt natürlich davon ab, wann ich die Prüfung mache. Wenn ich die in diesem Monat sowieso nicht machen kann, dann buche ich eben gleich was und warte hier nicht ewig rum.« Das versteht er irgendwie auch nicht.

»Mensch, Mädel, ist das dein Ernst, dass du jetzt noch verreisen willst? Über die Sonderfahrten reden wir, wenn du die theoretische Prüfung bestanden hast.«

Ich setze ihm ein Ultimatum: »Pass auf, Dieter, ich nehme

nächste Woche Montag, Dienstag und Mittwoch eine Fahrstunde, und du sagst mir am Mittwoch, wann ich die Sonderfahrten und die Prüfung machen kann. Die Theorie schaffe ich schon.« Damit gibt er sich irgendwie zufrieden.

Zu Hause denke ich: Eigentlich will ich gar nicht mehr bei Dieter sein. Die Vorstellung, mit dem stundenlang durch die Nacht zu fahren, gruselt mich, und vor allem habe ich keinen Bock, dass er irgendwann neben mir in der Prüfung sitzt und danach sagt: »Siehste, Mädel, weil du das jetzt genau so gemacht hast, wie der Dieter gesagt hat.« Nein, das will ich auf keinen Fall. Ich glaube, ich muss noch mal wechseln.

17. Woche (1726,80 Euro)

Das muss doch hinzukriegen sein. Ich versuche, mehrere Simulationstests auf meinem iPad hintereinander zu bestehen. Immer wieder gibt es ein »Leider versagt, du musst mehr üben!« zwischen schon bestandenen Tests. Die ganz schlimm verkackten sind rot, die ein bisschen falschen orange, die ein bisschen richtigen hellgrün und die richtig gut gemachten, die über 95 Prozent richtige Antworten enthalten, sind dunkelgrün. Ich bin heiß auf diese dunkelgrünen. Noch mal, noch mal, noch mal, Mist, wieder nur hellgrün, ah, dunkelgrün, noch mal dunkelgrün, scheiße, orange, oh nein, rot! So geht es seit gestern Abend. Ich bin abhängig. Abhängig von Führerscheinprüfung 2016.

Wie soll ich mir die ganze Grütze nur in meinen Kopf prügeln? Wenn ich zu lange auf eine Frage starre, dann mache ich Fehler bei Sachen, die ich eigentlich vorher immer richtig gemacht habe. Vielleicht gibt es ja doch Kinder, die sich immer verkehrsgerecht verhalten. Wer sagt mir denn, dass da auf dem Bild nicht genau so ein verkehrsgerechtes Kind abgebildet ist? Und wie ist das nun mit dem Überholen der Straßenbahn? Darf man? Darf man nicht? Nur rechts, nur links, wie ist es in den Einbahnstraßen?

Ich übe und übe. Noch mal, neuer Test, noch ein Test, noch einer. Ich will unbedingt mehr bestandene als nichtbestandene Tests in meiner Statistik.

»Hier, willst du auch mal versuchen?«, frage ich den führerscheinlosen Freund. Der geht ganz unbedarft an die

Sache ran und zack, 30 Fehlerpunkte. Dunkelrot. »Haha, voll schlecht! Gib mir mal«, sage ich und will mit meinem Wissen glänzen und vor allem damit, dass ich die Fragen gar nicht mehr lesen muss. Ah, da kommt ein Kind hinter dem Auto vor. Hier soll ich weiterfahren. Hier ist ein Reh auf der Straße, muss ich mir gar nicht erst angucken, das Video. Ich flitze durch die Aufgaben und dann: 33 Fehlerpunkte!

Vielleicht muss ich irgendwie anders lernen. Ich setze mich an meinen Schreibtisch und überarbeite meine Mitschriften, die aus den Theoriestunden und das, was ich aus dem Buch abgeschrieben habe. Ein ganzes Schreibheft voll. Ach, jetzt verstehe ich auch, was die meinten, als die das mit dem Parken und Halten erzählt haben. Plötzlich machen meine Mitschriften voll Sinn. Plötzlich verstehe ich alles, weil ich die Fragen zu den Antworten kenne. Ach, so funktioniert das! Okay, jetzt noch mal einen Test, und dann schreibe ich mir alle Sachen, die ich falsch habe, auf Karteikarten. Dann ruft Frau Dienstag an, und wir verabreden uns zum Schwimmen.

Frau Dienstag ist vorher beim Friseur bei mir um die Ecke. Deshalb mache ich noch ein paar Tests. Plötzlich: Ein Test dunkelgrün, der nächste auch und der dritte AUCH! Und da ist es. Auf dem Bildschirm steht: Ab zur Prüfung!

Das lasse ich mir nicht zweimal sagen. Ich raffe meine ganzen Führerscheinunterlagen, meine Mitschriften und meine Karteikarten zusammen und renne nach unten zum Friseur.

»Frau Dienstag, sorry, ich kann nicht schwimmen gehen. Mein iPad hat gesagt: Ab zur Prüfung, und da muss ich jetzt hin. Ich ruf dich später an. Tschüssi!«

Bloß nicht zu viel reden, sonst geht mein ganzes angestautes Wissen verloren. Im Bus zum TÜV denke ich: Mist, ich kann das mit dem Anhalteweg und dem Reaktionsweg noch gar nicht. Ich lese meine Karteikarten genau durch, lerne alles zu diesen blöden Wegen auswendig und stehe kurz darauf vorm TÜV-Gebäude.

Au Backe, eigentlich wollte ich doch erst nächste Woche die Prüfung machen, und Dieter sagte doch auch, dass ich das bloß nicht auf die leichte Schulter nehmen soll. Aber der Computer meinte doch …

Wenn ich jetzt durchfalle, dann muss ich zwei Wochen warten, bis ich die Prüfung noch mal machen kann, und Dieter will doch erst über die Sonderfahrten reden, wenn ich die theoretische Prüfung bestanden habe. Vielleicht bestehe ich die ja heute. Aber er sagte auch, dass die Prüfer sich merken, wer mit sehr vielen Fehlerpunkten durchgefallen ist. Vielleicht falle ich jetzt richtig schlimm durch? Wer weiß, ob die nicht doch ganz andere Fragen hier haben als bei der App?

Ich gehe rein. Melde mich an. Zahle Geld, gebe meinen Personalausweis ab und warte. Ich mach mir fast in die Hosen. Vielleicht noch schnell aufs Klo? Oder draußen eine rauchen? Nee, zu spät. Die Dame am Tresen guckt zu mir rüber. »Sie können jetzt reingehen«, sagt sie.

In dem Raum sind überall Tische mit Computern und ein Schreibtisch mit einem Aufpasser. Wahrscheinlich muss ich mich bei dem anmelden und bekomme dann einen Computerplatz zugewiesen. Ich reiche ihm meinen Personalausweis und das Papier, das mir die Frau gegeben hat. Der Mann hat eine Uniform an. Sofort bekomme ich Angst. Ist das ein

Polizist? Hat der TÜV auch Uniformen? Soll ich vielleicht wieder gehen und lieber noch mehr üben? Ich wollte die Prüfung doch eigentlich erst in ein oder zwei Wochen machen. Zu spät, der Mann hat ja schon meine Anmeldung und tippt etwas in den Computer. »Können Sie mir bitte besonders leichte Aufgaben geben?«, frage ich und bereue es sofort. Der Mann guckt mich an und verzieht keine Miene. Wahrscheinlich gibt er mir jetzt extra die besonders schweren Aufgaben, die mit Achslast und tatsächlicher Gewichtsbelastung und so. Dann sagt er: »Setzen Sie sich dahinten an die Nummer acht!«

Ich hänge meine Jacke und meine Tasche an den Garderobenständer und setze mich an einen Tisch direkt vor dem Fenster. Na dann mal los. Prüfung starten. Ich lese die Aufgaben und entscheide mich mal für eine, mal für zwei und mal für drei Antworten. Ich gucke mir die Videos an. Da rennt ein Kind auf die Straße zum Eiswagen. Bei einem anderen Film muss man mit sich öffnenden Fahrzeugtüren rechnen. Ein bisschen Andreaskreuz, Vorfahrtsfragen: Ich fahre zuerst, dann fahren die anderen, und dann ist da schon die letzte Frage. Ich gucke auf die Uhr. Es sind acht Minuten vergangen. Soll ich mir vielleicht alle Antworten noch mal angucken? Irgendwo habe ich gelesen, dass man das nicht machen soll. Ein Button erscheint: Prüfung abschließen. Ich klicke drauf und gehe zurück zu dem Mann in Uniform.

»Fertig«, sage ich. Er guckt in seinen Computer und drückt ein paar Tasten. Ein Blatt kommt aus dem Drucker neben ihm. »Und? Habe ich bestanden?«, frage ich. Er nickt, reicht mir das ausgedruckte Papier und sagt: »Mit null Fehlerpunkten.«

Bestanden, bestanden, bestanden! Und nicht nur bestanden – auch noch ohne Fehler! Mit stolzgeschwellter Brust gehe ich am nächsten Tag zur Fahrschule. Dieter wird Augen machen, wenn ich ihm mein Einser-Abi vorlege. Ha! Das hätte der mir bestimmt nie zugetraut. Der dachte doch, dass ich mich erst in ein paar Wochen zum TÜV traue. Dieter sitzt hinterm Tresen, ich davor. Ich schiebe meine 50 Euro rüber und dann den schriftlichen Nachweis für meine bestandene Prüfung. Er nimmt ihn, liest, und ich warte. Na los, sag was! Los, Dieter, sag was! Er legt den Zettel auf den Kopierer und sagt: »Streber. Hast du den Prüfer bestochen?«

Wie bitte? Streber? Das ist alles, was der zu mir sagt? Ich glaub's ja nicht. Der spinnt wohl. Was ist der denn für ein Lehrer? Das sollte ich mal wagen, meinen Schülern nach einer bestandenen Prüfung nicht von ganzem Herzen zu gratulieren und sie über den grünen Klee zu loben, sondern nur ein abfälliges »Streber« rauszuhauen. Wo hat er denn seinen Fahrlehrerausbildungsschein gemacht? Haben die ihm da nicht beigebracht, dass man seine Schüler auch loben muss? Ich denke kurz an Hassan. Wie war das noch: »Aus dir wird nichts.«

Ich frage wieder nach den Sonderfahrten: »Dieter, was ist jetzt mit den Sonderfahrten?« Dieter weicht aus, und während der Fahrstunde behandelt er mich so, als könnte ich gar nichts. »Mensch, Mädel, mach doch einfach, was Dieter sagt«, »So wird das nichts«, »So können wir keine Sonderfahrten machen« usw. Ich gehe völlig demotiviert nach Hause.

Aber was du nicht weißt, lieber Dieter: Morgen bist du fällig! Morgen gibt es erst mal eine kleine Ansprache. Ich hab doch nicht die Fahrschule gewechselt, um jetzt wieder neben so einem Harald zu sitzen, der meint, ich könne gar nichts. Langsam reicht mir das. Ich werde ihm sagen, dass ich von ihm erwarte, dass er mich lobt und motiviert und mir nach der Stunde genau sagt, was ich noch lernen muss. Nein, das soll er mir vor der Stunde sagen, und wenn ich während der Stunde wieder Fehler mache, dann möchte ich eine genaue Fehleranalyse nach dem Unterricht. Und ich will hören, wie viele Stunden ich noch brauche und wann wir in der kommenden Woche die Sonderfahrten machen, und dann soll er sich auch das »Mensch, Mädel« abgewöhnen! Und wenn er das alles nicht macht, dann gehe ich zu seinem Chef und sage, dass ich wechseln will, und wenn der das nicht will, dann gehe ich sofort in die nächste Fahrschule und melde mich da an. Berlin hat ja nicht nur zwei Fahrschulen.

Später treffe ich Frau Dienstag beim Sport. Wir wollen zum Zumbakurs. Da der so beliebt ist, muss man eine halbe Stunde vor Beginn da sein. Frau Dienstag räkelt sich schon auf einem Korbsessel im Eingangsbereich. Erwartungsvoll guckt sie mich an: »Und? Wie war es jetzt bei diesem Murat?«

»Ich war nicht bei Murat. Ich war wieder bei Dieter«, sage ich und fühle mich wie ein Versager.

»Hä? Wieso wieder bei Dieter, du wolltest doch wechseln?«

»Ja, wollte ich ja auch. Und gestern war ich auch noch voll der Killer. Wirklich! Ich wollte Dieter endlich die Meinung sagen. Aber dann kam das alles irgendwie anders. Als ich in der Fahrschule ankam, war ich überhaupt nicht mehr der Killer. Da war ich nur noch klein und … ach … ich weiß auch nicht, das fing schon auf dem Weg zur Fahrschule an. Da war so scheiß Nieselregen, und mein Schirm war kaputt, und dann hatte ich den notdürftig repariert, und dann war der Wind aber so doll und hat den Schirm immer wieder umgestülpt, und die ganze Zeit hatte ich Kopfschmerzen. Und meine Brille wurde nass und überhaupt.«

Frau Dienstag hört sich das alles an. »Verstehe.«

»Und als ich Dieter dann gegenübersaß, da habe ich mich nicht mehr getraut, irgendwas zu sagen. In dem Moment war mir auch alles egal. Ich dachte nur: Scheiß doch auf die Sonderfahrten. Scheiß doch auf: schnell die Prüfung machen. Ist doch alles egal.«

Frau Dienstag nickt. »Verstehe.«

»Und dann sagt Dieter plötzlich, dass er für Freitag und Samstag die beiden Sonderfahrten mit mir geplant hat. Und ich so: ›Echt jetzt?‹ Und er so: ›Ja.‹«

Frau Dienstag grinst: »Der hat wahrscheinlich auch keinen Bock mehr auf dich.«

»Ja, wahrscheinlich. Und dann wusste ich auch nicht mehr, was ich machen sollte. Auf der einen Seite will ich wirklich nicht mehr bei Dieter sein, aber jetzt habe ich ja schon die Termine für die Sonderfahrten, und die sind ja die große Hürde vor der Prüfung, und wenn ich jetzt doch noch zu Murat wechseln sollte, dann dauert der ganze Mist mit dem Führerschein ja noch länger.«

»Und vielleicht ist dieser Murat auch nicht besser als dein Dieter. Schließlich verstehen die sich ja so gut.«

»Ja, genau, vielleicht denke ich ja nur, dass ich es bei Murat besser hätte. Vielleicht wäre das voll so vom Regen in dieses andere. Vielleicht ist Dieter einfach mein Schicksal.

Wahrscheinlich habe ich Dieter einfach verdient. Ich bin ja auch nicht immer nett zu jedem. Vielleicht muss ich jetzt dafür büßen. Vielleicht sagt das Schicksal mir: Jetzt stell dich mal nicht so an und bleib bei Dieter. Du kannst auch nicht immer alles haben. Dir geht es doch viel zu gut im Moment. Dieter ist deine Herausforderung. Deine Challenge. Deine persönliche Krise, an der du dich reiben und die du mit einem ›Wir schaffen das!‹ bewältigen musst. Dieter ist wie Zigaretten, wie eine ungesunde Beziehung – ich komme vielleicht einfach nicht weg von ihm.«

»Ja, stimmt. Dieter ist wie Zigaretten«, sagt Frau Dienstag und steht auf. »Komm, lass mal schon umziehen, der Kurs ist doch immer so voll.«

Das war gestern. Aber heute auf dem Weg zur Fahrschule – wieder mit leichten Kopfschmerzen, hoffentlich ist das nur das Wetter und kein Tumor –, da denke ich: Oh nee, jetzt gleich wieder Dieter. Ich wechsele doch noch. Ich halte diese Sonderfahrten mit Klappergebiss nicht aus. Aber dann sagt Dieter: »Der Murat ist krank. Richtig krank.« Ich denke: Na, dann kann ich ja gar nicht wechseln.

Und dann fahren wir zum TÜV, und Dieter holt bei den Frauen am Tresen meinen Prüfungstermin, während ich auf dem Klo bin. Oh Mann, jetzt habe ich einen Termin. Jetzt wird es ernst. In siebzehn Tagen habe ich meine praktische Führerscheinprüfung. Ich glaube, es hilft alles nichts. Ich bleibe bei Dieter.

An diesem Abend warte ich vor meinem Haus auf Frau Dienstag. Wir wollen zum Sport. Ich sehe mir die parkenden

Autos an. Fast alle sind klein. Weil es hier eigentlich überhaupt keine Parkplätze gibt.

»Quatsch, man findet schon einige Lücken, in die man reinpasst«, sagt Frau Dienstag immer. »Und wenn es gar nicht geht, dann mietest du dich einfach in eine Tiefgarage ein.« Ich sage: »Ist das nicht total teuer?« Sie sagt: »Ist doch egaaal. Du hast doch Geld.« Seit wir Lehrerinnen sind, spielt für Frau Dienstag Geld keine Rolle. Wenn ich irgendwas voll teuer finde, dann sagt sie immer, es sei doch egaaal. Und da ich keine Kinder habe, also auch nichts vererben müsste, sollte ich doch schnell und immer mein Geld unter die Leute bringen. »Das Geld muss in den Umlauf. Sonst funktioniert die Wirtschaft nicht. Gönn dir mal was!«

Frau Dienstag verspätet sich mal wieder. In meiner Straße stehen zwar viele kleine Autos, aber die sehen trotzdem teuer aus. Vielleicht sollte ich mir einfach einen Neuwagen kaufen. Ich habe keine Ahnung, was neue Autos kosten, aber so eine Investition wäre bestimmt gut für die Wirtschaft. Frau Merkel fände das gut. Und Frau Dienstag auch. Aber ein Neuwagen? Da ärgert man sich ja über jeden Kratzer. Und vielleicht will ich den dann gar nicht fahren, damit er nicht kaputtgeht. Ich ziehe auch neue Hosen nicht an, wenn die teuer waren. Damit sie nicht schmutzig werden. Billige Hosen – kein Problem, die ziehe ich sofort an. Vielleicht bin ich doch eher der Gebrauchtwagen-Typ.

Frau Dienstag hält mit quietschenden Reifen vor mir. »Komm, steig ein, ich kann hier nicht so lange stehen.« In der zweiten Reihe stehen und den Verkehr aufhalten – ob ich mich das jemals trauen werde? Ob ich überhaupt durch die Prüfung komme?

Wir fahren zum Sportstudio, und Frau Dienstag sucht einen Parkplatz. Nach ein paar Metern findet sie eine ziemlich kleine Lücke. »Siehst du, es gibt immer einen Parkplatz.«

Gekonnt manövriert sie ihr Auto in diese Minilücke, an der ich selbst mit einem Smart vorbeigefahren wäre. Ich öffne die Tür. »Ganz schön nah am Bordstein«, sage ich.

»Wieso? Darf man das nicht?«, fragt Frau Dienstag. Seit ich Auto fahren lerne, ist Frau Dienstag sehr interessiert an allem, was man heutzutage darf, und vor allem, was man nicht darf. Ich weiß nicht, ob sich da seit ihrer Fahrschulzeit so viel geändert oder ob sie alles schon vergessen hat.

»Also, Harald meinte immer, dass man nicht so nah am Bordstein parken soll, weil da immer so viel Müll liegt. Und da könnten die Reifen kaputtgehen.«

»Echt? Das habe ich ja noch nie gehört. Ich parke immer so dicht.«

Ich denke an Harald. Ich erinnere mich genau daran, wie er mir von dem Müll am Straßenrand erzählt hat, als wir im Auto saßen. Er hatte seine Tür geöffnet und schlechtgelaunt mit seinem Fuß einen Pappbecher und eine Serviette weggeschoben, um mir zu demonstrieren, dass da immer Müll liegt. Und dabei war er so ein bisschen aggro. Überhaupt war Harald oft so unterschwellig aggressiv. In ihm drin brodelt es. Eine tickende Zeitbombe. Aber ich habe mich noch rechtzeitig vor der Explosion in Sicherheit gebracht.

Ich steige aus dem Auto und gehe mit Frau Dienstag an den Kofferraum. Sie muss noch ihr Sportzeug rausholen. »Ja, da läge immer so viel Dreck im Rinnstein. Aber als wir einmal einstiegen, da hat Harald selber eine leere Plastikflasche auf die Straße geschmissen.«

Wir gehen zum Sport, und ich denke an Harald. Zum Glück bin ich nicht mehr bei dem. Aber Dieter ... ist Dieter so viel besser als Harald? Morgen muss ich wieder hin. Hört das denn nie auf?

»Heute ist Aschermittwoch«, sagt Dieter. Ich mache gerade einen Bilderbuchschulterblick.

»Und, hast du dir was vorgenommen? Willst du auf irgendwas verzichten?«, frage ich, weil ich das seit zwei Tagen dauernd im Fernsehen höre. Fastenzeit. Verzicht üben.

»Ja.«

»Ach, echt? Auf was denn?«, frage ich. »Zigaretten?« Und bereue sofort, das gefragt zu haben. So ein Hardcore-Raucher wie Dieter würde niemals auf Zigaretten verzichten. Ich ja auch nicht. »Und, Herr Junkie, wollen Sie bis Ostern nicht mal auf Ihren Stoff verzichten?«

Ich rudere sofort zurück: »Nee, nee, Spaß, Zigaretten nicht, wa?«

»Weißte«, sagt Dieter, »ich lebe jeden Tag so, als wenn es mein letzter wäre.« Darüber muss ich erst mal nachdenken. Außerdem soll ich gleich rechts abbiegen. Also sage ich gar nichts. Dieter lebt also jeden Tag so, als sei es sein letzter Tag. Und an seinem letzten Tag auf der Erde würde er mit mir im Auto durch Tempelhof gurken ... Echt jetzt, ja?

Also, wenn ich nur noch einen Tag hätte, dann würde ich

bestimmt nicht neben Dieter sitzen und dreimal hintereinander rückwärts einparken und jedes Mal zu weit vom Bordstein zum Stehen kommen. Wenn ich nur noch einen Tag hätte, dann bräuchte ich ja auch keine Fahrstunde. Dann würde ich einfach so fahren, denn selbst wenn sie mich dann ohne Führerschein erwischen würden, was sollte denn dann passieren? An meinem letzten Tag, da würde ich … da … also … na, ich würde auf keinen Fall zur Arbeit gehen und nur machen, was ich will. Vielleicht den ganzen Tag auf der Couch bleiben. Oder verreisen, aber das lohnt sich ja für einen Tag gar nicht. Vielleicht dann lieber Couch.

Ich finde nicht heraus, worauf Dieter verzichten möchte, und frage auch nicht weiter nach. Ich soll einparken. Beziehungsweise soll ich mir erst mal eine Parklücke suchen: »Such dir mal eine Parklücke.« Das mache ich. Die ist nicht schön. Die auch nicht.

»Da war eine. Oder da.« Dieter schüttelt den Kopf.

»Warum nimmst du nicht die?« Erst sagt er, ich soll mir eine aussuchen, und dann … Alles, was ich mache, ist falsch.

Ich parke. Mehrmals. Jedes Mal stehe ich zu weit vom Bordstein weg. »Mach das doch einfach, wie ich sage«, sagt Dieter. Ich lege den ersten Gang ein, rolle nach vorne. Wie war das noch mal? Eine Vierteldrehung nach rechts und dann eine halbe Drehung nach links. Oder erst links und dann rechts? Scheiße, ich weiß es nicht mehr.

Dieter schüttelt den Kopf: »Was kurbelst du denn da so? Viel zu schnell gelenkt. Na toll, jetzt bist du schon wieder auf dem Bordstein. Warum machst du das nicht einfach, wie ich sage?«

Ich versuche es noch mal. Ich weiß nicht mehr, was er gesagt hat. Er schüttelt wieder den Kopf und seufzt.

»Ich weiß nicht mehr, wie das ging.«

»Aber ich habe dir das schon so oft gesagt. Aber wenn du das nie so machst, wie ich sage. Wenn du das immer so machst, wie du denkst ...«

Jetzt reicht es mir: »MEINST DU ETWA, ICH MACHE DAS MIT ABSICHT FALSCH? MEINST DU, ICH WILL DAS NICHT LERNEN?«

Dieter wird etwas kleinlaut, weil ich wirklich laut werde. »Keine Ahnung, du machst ja nicht, was ich sage.«

»WEIL DAS SO NICHT FUNKTIONIERT!!! DU KANNST MIR DAS ZEHNTAUSENDMAL SAGEN. ICH LERNE DAS NICHT DAVON, DASS DU MIR DAS IMMER WIEDER SAGST, ICH MUSS DAS ÜBEN! ICH MACHE DAS DOCH NICHT MIT ABSICHT IMMER WIEDER FALSCH.«

»Na, du bist ja auch immer so hektisch und ungeduldig. Anstatt dich zu entspannen und alles in Ruhe zu machen.«

»WIE SOLL ICH MICH DENN ENTSPANNEN, WENN DU MICH DIE GANZE ZEIT ANMECKERST?«

»Hä? Ich meckere doch gar nicht.«

»WAS??? DU MECKERST DIE GANZE ZEIT!!! DU TUST DIE GANZE ZEIT SO, ALS SEI DAS BEI MIR SOWIESO ALLES HOFFNUNGSLOS! DU KÖNNTEST MICH JA AUCH MAL LOBEN, WENN ICH ETWAS RICHTIG GEMACHT HABE!«

»Warum soll ich dich loben? Reicht doch, wenn ich dir sage, was du falsch machst.«

Oh Mann, Dieter. Nicht gemeckert ist genug gelobt, wa?

Und dann erkläre ich ihm, dass Lob wichtig ist. Er will es nicht einsehen.

»Wenn ich die Schüler in den Himmel lobe, dann denken die doch, dass sie alles schon könnten.«

»Keine Angst, das denke ich auf keinen Fall, und von ›in den Himmel loben‹ bist du ja noch sehr weit entfernt. Aber du könntest ruhig mal sagen, dass ich irgendwas schon besser mache als vorher.«

Ich bleibe bei meinem Standpunkt, dass Lob zum Lernen gehört und auf jeden Fall zu meiner Entspannung beitragen würde. Dieter findet Lob unnötig und ich sei die Erste, die danach verlangt. Dann erzählt er mir aber, wie ihn sein Chef lobt und dass sich das gut anfühlt.

»Muss er aber nicht. Ich weiß ja, dass ich ein guter Fahrlehrer bin.«

»Ja, aber fühlt sich doch trotzdem gut an, oder nicht?«

»Aber ich brauche das nicht.«

»Aber fühlt sich trotzdem gut an, oder?«

Ich rede mit Dieter wie mit einem verstockten Integrationskind. Diese Schüler mit einem Förderstatus, denen man immer alles noch einmal ganz genau erklären muss. Aber was soll ich ihm eigentlich erklären? Dass Lob beim Lernen nicht schadet, wie er denkt? Absurder geht es ja wohl gar nicht. »Dieter, versuch es doch einfach mal. Vielleicht wirst du ein noch besserer Fahrlehrer, wenn du ab und zu lobst.«

Ich blinke und fahre aus der Parklücke. Den größten Part dieser Diskussion habe ich laut geschrien. Dieter zündet sich eine Zigarette an. Ich verschalte mich und wechsele den Fahrstreifen, ohne zu blinken. Wütend sollte man nicht

Auto fahren. Das war immer eine richtige Antwort bei den Prüfungsfragen. Wütend soll man nicht fahren. Ich bin eigentlich nicht wütend. Ich bin erleichtert. Zufrieden. Irgendwie befreit. Wir fahren stumm durch die 30er-Zone.

»Mann, ist das heute voll hier«, sagt Dieter.

»Ja, ziemlich voll heute«, sage ich. Die Sonne scheint durch die Scheiben und blendet uns.

18. Woche (1992,80 Euro)

Den ganzen Tag war es so hell, dass ich mir gar nicht vorstellen konnte, dass es irgendwann doch dunkel werden würde. Wurde es aber.

»Schnell, schnell, lass mal losfahren, solange es noch ein bisschen Licht gibt!«, drängele ich und versuche, Dieter zu einem beherzteren Schritt zu bewegen. Heute muss ich wieder im Dunkeln fahren. Stundenlang. Die sogenannte Belastungsfahrt. »Immer mit der Ruhe, Mädel.« Wir sitzen im Auto. Ich stelle den Sitz und die Spiegel ein. Dieter hustet. Dann nehme ich meine Tasche vom Rücksitz.

»Dieter. Ich hab was für dich.«

»Für mich?«, fragt er sichtlich überrascht.

»Ja, hier. Ich habe dir Toffifees mitgebracht.«

»Oh.« Er grinst und will sich die Packung nehmen. Ich halte sie aber noch zurück. »Warte! Ich habe mir das so gedacht: Immer, wenn du mich lobst, dann kannst du eins essen. Und wenn du eine Reihe weghast, dann darfst du eine Zigarette rauchen.«

Dieter lacht. Dann nimmt er die Packung und legt sie ins Handschuhfach. Na ja, vielleicht will er jetzt noch nicht mit dem Loben anfangen, und vielleicht will er jetzt auch gerade nichts essen. Ich habe voll Hunger, aber ich fahre erst mal los.

Im zweiten Gang biege ich rechts ab. Dieter sagt: »Ich wäre ja im ersten Gang abgebogen.«

Wir fahren die Sonnenallee runter, und es wird langsam dunkel, aber dafür immer voller auf der Straße. Alle fahren, wie sie wollen. Ich bin die Einzige, die beim Spurwechsel blinkt. Dieter sagt: »Heute sind wieder nur Idioten unterwegs.« Den Radfahrern scheint alles egal zu sein. Die Ampeln beachten sie gar nicht. Ich schon, und sie werden immer rot, wenn ich komme. Ich stehe als Erste an der Haltelinie. Ein Smart kommt aus der Seitenstraße und stellt sich quer vor mich. Dieter sagt, das sei typisch Smartfahrer. Dieter sagt oft schlechte Sachen über die Smartfahrer. Smarts seien überhaupt nur halbe Autos. Falls ich mir einen Smart kaufen sollte, dann werde ich das Dieter nicht erzählen.

Was soll ich mir denn überhaupt für ein Auto kaufen? Frau Dienstag schickt mir täglich Bilder von Audis und BMWs und natürlich VWs. Und weil ich keine Meinung zu diesen Autos habe – die sehen irgendwie alle gleich aus –, zeige ich sie dem führerscheinlosen Freund. Der sagt dann nur: »Geht gar nicht.« Auf der Straße gehen wir an einem geparkten Kombi vorbei. »Kauf doch so was, damit könnte man dann was transportieren.«

Ich: »Und parken?«

Das kann ja noch was werden, dieses Autokaufen. Das hat wohl auch mit Image zu tun. Da soll ich nun mit einem Autokauf entscheiden, ob ich Punk, Popper oder Emo sein will. »Da seh ich dich nicht drin«, sagt der Freund, als ich ihm den von Frau Dienstag vorgeschlagenen BMW auf der Straße zeige. »Eher so was«, sagt er und zeigt auf einen alten Jaguar.

Aber erst mal geht es durch die Nacht. Dieter singt neben mir. Das Radio läuft auch. Dieter singt aber nicht zu dem Lied im Radio, sondern irgendwas ganz anders.

»Ob's stürmt oder schneit, ob die Sonne uns lacht, der Tag glühend heiß oder eiskalt die Nacht.« Im Radio läuft Adele und haucht: »Hello, it's me.« Dann wieder Dieter: »Doch froh ist unser Sinn, ist unser Sinn. Es braust unser Panzer im Sturmwind dahin.« Adele hält dagegen: »I was wondering if after all these years – you'd like to meet.« Aber Dieter versucht Adele zu übertönen: »Mit donnernden Motoren, geschwind wie der Blitz. Dem Feinde entgegen, im Panzer geschützt.« Und ich schlängele mich über die Sonnenallee.

Dieter: »Voraus, Kameraden! Im Kampf stehn wir allein.«

»Sag mal, Dieter, was singst du denn da? Das ist doch irgend so ein Nazischeiß.«

»Wieso? Das ist das Panzerlied«, sagt Dieter und guckt mich ganz unschuldig an. »Was heißt denn hier Nazilied? Das wird heute noch von der Bundeswehr gesungen.« Jetzt schmollt er ein bisschen, aber überlässt das Singen zum Glück Adele.

Ich versuche, mich auf den Verkehr zu konzentrieren und überhaupt erst mal den Straßenverlauf zu erkennen. Dann geht es auf die Autobahn. Warum ist die nicht beleuchtet? Dann Tunnel. »Ha, jetzt ist egal, ob man im Tunnel ist, draußen ist irgendwie auch Tunnel.«

»Hmm«, sagt Dieter.

Das mit dem Loben hat er irgendwie auch schon wieder vergessen. Er hat noch gar nichts Nettes gesagt. Zündet sich aber trotzdem eine Zigarette an. Wir reden über Fahrschulen. Und die Preise von Fahrstunden. Ich finde, die sind teuer. Dieter findet, die sind billig. Na, wenn er die bezahlen müsste, fände er die garantiert auch teuer.

Wir fahren auf die Tankstelle. Wir müssen tanken. Ich will tanken, aber Dieter ist schneller. »Bitte, bitte, lass mich tanken! Ich muss das doch lernen.« Und dann darf ich und finde es super. Aber im Auto riecht alles nach Benzin. Wie kommt dieses Benzin an meine Hände?

»Tanken ist gar nicht so einfach«, würde Harald jetzt sagen, »unterschätz das Tanken mal nicht.«

Wir fahren und fahren. Es wird immer dunkler. Ich benutze das Fernlicht (blaue Anzeige ist Fernlicht, gelb sind die Nebelteile …), und langsam denke ich: Eigentlich ist das alles gar nicht so schwer. Da machen die Fahrlehrer ein Bohei um dieses Autofahren, und eigentlich ist das doch gar nicht so schwer. Am Ende kann man das und wird darüber lachen, wie blöde man sich am Anfang angestellt hat. Etwas zu lernen ist schon verrückt. Erst beherrscht man eine Sache nicht, dann übt man, und dann kann man die und weiß gar nicht mehr, warum man solche Schwierigkeiten damit hatte. Nun sollte einer Lehrerin diese Erkenntnis auch schon mal während der Arbeit in der Schule gekommen sein. Ist sie aber nicht, weil ich leider zugeben muss, dass ich nie das Gefühl habe, dass die Schüler bei mir wirklich etwas gelernt haben. Vielleicht merke ich das nur nicht, aber vielleicht lernen die auch einfach gar nichts in meinem Unterricht. Dabei macht Lernen voll Spaß.

Wenn man jung ist, dann lernt man dauernd. Da kommt man an dem Dazulernen ja gar nicht vorbei. Laufen, Sprechen, Lesen, Schreiben, das nimmt doch jedes Kind im Vorbeigehen auf. In der Grundschule wird wahrscheinlich eher spielerisch gelernt, so stelle ich mir das jedenfalls immer vor. Ich habe ein sehr idealisiertes Bild von der Arbeit der Grundschulkollegen. Diese herrliche Illusion, in der die süßen Grundschulkinder wissbegierig alles aufnehmen, was man ihnen anbietet, darf auch nicht zerstört werden, weil ich vielleicht, wenn ich eines Tages nicht mehr mit Teenagern arbeiten will, an eine niedliche kleine Grundschule wechseln möchte.

Für Jugendliche ist das schulische Lernen dann schon wieder schwieriger. Oft habe ich das Gefühl, dass sich deren gesamter Geist und Körper dagegen wehren, Neues aufzunehmen und mit Bekanntem zu verknüpfen. Das heißt allerdings nicht, dass Teenager nicht mehr lernen. Die lernen, dass es nicht gut ist, sich mit Hassan anzulegen, dass man bei Frau Schwalle nicht zu spät kommen darf, dass es uncool ist, im Winter mit einer Jacke auf den Hof zu gehen. Und hoffentlich lernen sie auch ein bisschen was im Unterricht. Ich setze da stark auf meine Kollegen.

Aber was ist mit älteren Leuten? Menschen im mittleren Alter. Lernen die denn eigentlich noch Sachen? Okay, man geht jeden Tag zur Arbeit. Im besten Fall wird man auch immer besser in dem, was man dort tut. Aber lernen wir noch neue Dinge? So wie ich jetzt Auto fahren lerne? Lernen ist mühsam, und ich könnte gut verstehen, wenn man ab einem bestimmten Alter gar keinen Bock mehr hat, sich diesem anstrengenden Prozess auszuliefern. Lernen bedeutet üben. Man muss Sachen immerzu wiederholen. Das ist oft langweilig und frustrierend, wenn man nicht sofort Erfolge sieht. Oft stagniert der Lernprozess irgendwann, und man wird sogar wieder schlechter. Trotzdem sollte man nie aufhören, neue Dinge zu lernen.

Ich zum Beispiel finde, dass ich jetzt schon Auto fahren kann – auf jeden Fall kann ich es besser als am Anfang, und darüber freue ich mich sehr. Und vor allem – alles gelernt ohne ein einziges Lob vom Fahrlehrer. Und morgen gleich wieder drei Stunden mit Dieter. Aber ich darf mich nicht beklagen, wer wollte denn die Sonderfahrten?

Autobahnfahrt

»Und, bereit für die Autobahn?«, fragt Dieter, als ich ihm vor der Fahrschule die Hand gebe. Er raucht noch. Er raucht eigentlich immer, wenn ich komme. »Klar. Und ich habe heute auch für gutes Wetter gesorgt.« Der Himmel ist blau und die Sonne scheint. Ich klopfe auf meine Tasche: »Ich habe heute sogar meine Sonnenbrille mit.«

»Sonnenbrille, wofür das denn?«

»Na, diese Sonnenblenden, die nerven irgendwie. Ich habe immer das Gefühl, dass die mir die Sicht nehmen.« Dieter guckt mich an und schüttelt dann den Kopf. Das macht er oft. Ich sage etwas, und er macht ein Gesicht, als hätte ich etwas total Absurdes gesagt. Er guckt dann so, als hätte ich ihm erzählt, dass ich den ganzen Abend nackt auf dem Ku'damm rumgelaufen bin oder vorhabe, mir die Stirn zu tätowieren. Die Sonnenbrille bleibt den ganzen Vormittag in meiner Tasche. Dieter hält nichts von Sonnenbrillen, also setze ich sie nicht auf. Als wir irgendwann durch einen Tunnel fahren, bin ich auch ganz froh darüber. Denn Tunnel heißt ja: »Sonnenbrille absetzen, den Anweisungen des Tunnelpersonals nachkommen usw.« Und ich hätte da wahrscheinlich Schwierigkeiten gehabt, erst die Sonnenbrille ab- und meine normale Brille aufzusetzen und gleichzeitig in den Tunnel reinzufahren.

Dieter guckt auf die Straße. »Heute sind wieder nur Idioten unterwegs.« Er schüttelt den Kopf. Er hält nicht viel von den meisten Verkehrsteilnehmern. Smartfahrer rangieren ganz unten, und dann kommen die Fahrradfahrer. »Ah, wieder eine Frau auf einem Fahrrad. Guck mal, die fährt x-beinig. Willst du wissen, warum Frauen immer x-beinig fahren?«

»Tun sie das?«

»Ja.«

Das hat er mich schon öfter gefragt, aber ich frage nie nach, wenn Dieter wieder mit den x-beinig fahrenden Frauen um die Ecke kommt. Ich erwarte dann immer so eine absurde, frauenverachtende Antwort, dass ich sein Angebot, mir seine Theorie mitzuteilen, immer ausschlage. Ich frage dann nicht nur einfach nicht mehr, sondern lenke ihn mit irgendeiner Verkehrsfrage ab. »Links abbiegen. Ich fahre jetzt bis da vorne an die Linie und warte, wa?«

»Wo fahren wir eigentlich hin, Dieter?«, frage ich auf der Sonnenallee.

»Wir fahren auf den Berliner Ring und dann einmal um Berlin rum.« Einmal rum. Krass. Berliner Ring. Hört man immer im Radio. »… irgendwas blablabla auf dem westlichen Berliner Ring.«

Wir fahren am Flughafen vorbei. An dem, der in Betrieb ist, und dann an dem, der noch nicht in Betrieb ist. Dieter kommentiert. Und ich fahre.

»Hier könnte ich jetzt in die S-Bahn steigen und direkt nach Hause fahren«, sagt er. »Das machst du aber bitte nicht«, sage ich. Egal, wo wir langfahren, alles wird von Dieter in Relation zu den Möglichkeiten, nach Hause zu kommen, gesetzt. »Hier könnte ich in die U-Bahn steigen und wäre in 25 Minuten vor meiner Haustür.«

Beim Schönefelder Kreuz fahre ich auf den Ring. »Gib Stoff! Hier ist Richtgeschwindigkeit 120! Los, gib Gummi! Und schalte mal in den fünften Gang! Umweltbewusste Fahrweise.«

Ich denke: Fahr'n, fahr'n, fahr'n auf der Autobahn!

Im Radio: »Smoke on the water – fire in the sky.«

Dieter singt auch. Aber nicht ›Smoke on the Water‹, sondern: »Auferstanden aus Ruinen und der Zukunft zugewandt …«

Ich versuche, einen Lkw zu überholen. Innenspiegel, Außenspiegel, Schulterblick, Blinken, rausziehen, Gas geben, Lkw im Rückspiegel …

Dieter: »… lass uns dir zum Guten dienen, Deutschland, einig Vaterland. Kennste?«

»Ja, kenn ich.«

Das Radio: »… Smoke on the water. They burned down the gambling house. It died with an awful sound …«

Dieter: »… und der Sonne zugewandt.«

Ich: »Scheiße, da ist schon wieder so ein lahmer Lkw.« Die Sonne blendet mich. Dieter zündet sich eine Zigarette an.

»Jetzt Richtung Hellersdorf?«, frage ich.

»Ja, es sei denn, du willst nach Groß Köris«, sagt Dieter.

Am Dreieck Spreeau die erste Pause. Wir stehen in der Sonne und rauchen. Ich mache Dehnübungen. »Dieses Autofahren geht ganz schön in die Arme«, sage ich, und Dieter lacht. »Warmduscher«, sagt er. »Warmduscher, Weichei, Im-Kino-vorne-Sitzer … Was gibt es denn da noch?« Ich überlege. Außer Weichei fällt mir nichts ein. Dieter hat noch einen: »Turnbeutelvergesser.« Er lacht laut, bis sein Lachen wieder zu einem Husten wird. Ich muss aufs Klo.

Wieder im Auto, die Sonne scheint, ich fahre 120, überhole Lkws und fühle mich supercool. »Nu gib mal Zunder, Mädel. Der Wagen kann noch was!« Ich trete das Gaspedal. 140.

»Mehr!«, ruft Dieter. 160.

»Mehr!«

»Ich fahr doch schon 160!« Ich überhole mehrere Autos und diverse Lkws. Mir reicht die Geschwindigkeit völlig.

»Memme. Angsthase. Mädchen«, sagt Dieter.

Endlich ein Schild: 120. »Abbremsen«, sagt Dieter. »Mehr abbremsen. 120. Hast du das Schild nicht gesehen?«

Dieter: »Gestern war ich aus.«

Ich: »Oh, wo denn?«

»In so einem Lokal. Mit einer Bekannten.« Er kichert.

»Oh, eine Bekannte. Ein Date!«

»Nee, nee. Dit is 'ne ganz Nette. Und wir kennen uns auch schon länger. Aber irgendwie …«

»Was irgendwie?«

»Sie wollte dann noch, dass ich auf 'nen Kaffee mit zu ihr komme. Wir hatten uns vormittags getroffen. Und irgendwann fragt sie: ›Hast du Hunger?‹«

»Na, klingt doch gut.«

»Gänsekeulen hätte sie.«

»Lecker.«

»Nee, nee, die ist ja ganz in Ordnung, aber die labert so viel. Ich frag mich immer, wie man so viel reden kann. Und mich interessiert das alles nicht. Ich bin dann schön zu mir nach Hause und hab mir mein Gulasch gemacht. Mit Kartoffeln. Ich hatte mir gestern noch drei Kartoffeln gekauft.«

»Drei?«

»Ja, so große. Das war genug.« Singlemänner, denke ich. Kauft er sich nur drei Kartoffeln. Tzzz.

»Da war die Frau bestimmt traurig, dass du nicht mit zu ihr zum Essen gekommen bist.«

Dieter lacht: »Na, da kann ich auch nichts dran ändern. Da vorne Richtung Potsdam. Es sei denn, du willst nach Phöben.«

19. Woche (2042,80 Euro)

So, noch drei Fahrstunden, und dann habe ich Prüfung. In einer Woche besitze ich entweder einen Führerschein – meinen Führerschein – oder bin das erste Mal durchgefallen. Noch dreimal zu Dieter und noch dreimal durch Tempelhof gurken.

»Jetzt ist es bald so weit«, sage ich zu Dieter, der vor der Fahrschule auf mich wartet. Zigarette und Kaffee. Wie immer.

»Was ist so weit?«, fragt er.

»Na, nächsten Freitag ist doch die Prüfung.«

»Mensch, Mädel, nu mach dir doch nicht ins Hemd. Ganz locker bleiben.« Dieter hat gut reden. Für ihn ist das ja eine klassische Win-win-Situation. Wenn ich die Prüfung schaffe, ist er mich los, und wenn nicht, dann verdient er noch ein paar Scheine an mir. »Einmal durch die Prüfung fallen kostet so viel wie einmal Mallorca«, sagt Dieter. Na toll.

In der Fahrschule schiebe ich meine 50 Euro über den Tresen.

»Am Montag kommt der neue Fahrlehrer.«

»Ach, hat er sich für euch entschieden? Gratuliere.«

Der neue Fahrlehrer war schon oft Gesprächsthema bei Dieter und mir. Er soll sehr gut aussehen, hatte sich bei Murat vorgestellt, aber um eine zweiwöchige Bedenkzeit gebeten. Er soll Mike ersetzen. In meiner Vorstellung habe ich schon viele Fahrstunden bei ihm genommen. In meiner Vorstellung ist der neue Fahrlehrer nicht nur sehr gutaussehend, sondern auch unheimlich nett und einfühlsam. Mit einem strahlenden Lächeln motiviert er mich. Mit netten Worten manövriert er mich auf die Autobahn und lobt mich nach jedem geglückten Spurwechsel in den Himmel.

»Dieter, ich wollte vielleicht Montag noch eine Fahrstunde nehmen. Für Mittwoch und Donnerstag habe ich schon Fahrstunden angemeldet. Aber ich dachte, vielleicht wäre es gut, am Montag auch noch eine zu haben. Als wir die Termine festgelegt haben, dachte ich noch, dass ich eine Woche verreisen würde. Von Dienstag bis Dienstag noch mal in der Sonne entspannen, dann Mittwoch und Donnerstag fahren und Freitag schön erholt in die Prüfung gehen.«

Frau Dienstags Kommentar zu diesem Plan war: »Waaas, du willst noch verreisen? Warum das denn? Du machst doch jetzt den Führerschein! Du musst fahren üben, und dann kaufst du dir ein Auto. Warum willst du denn jetzt noch mal weg? Nee, nee, kauf dir dann mal schön einen eigenen Wagen!« Ich mache immer, was Frau Dienstag sagt, und deshalb bin ich nicht weggefahren.

»Also, Dieter, wie sieht es aus am Montag?«

»Tja, da wird nichts draus. Außer du willst um sieben Uhr früh fahren.«

»Nee, will ich nicht.«

»Ansonsten ist Montag und Dienstag alles voll.«

»Dann nehme ich vielleicht eine Stunde bei Murat.«

Dieter blättert durch Murats DIN-A5-Heft und schüttelt den Kopf. »Bei dem sieht es genauso aus.«

Meine Chance! Jetzt nicht zu gierig klingen. Ich warte lieber noch kurz, bevor ich frage.

Dann: »Vielleicht könnte ich bei dem Neuen eine ...«

»Nee, nee, dit machen wa mal schön nicht. Wir wissen noch gar nicht, wie der unterrichtet, und nachher bringt der dir das noch ganz anders bei, und du kommst dann ganz durcheinander. Nee, nee.«

Mist.

»Na, okay. Aber wenn ich durchfalle, dann wechsel ich zu dem«, sage ich.

»Wieso solltest du durchfallen? Du fällst nicht durch«, sagt Dieter, und ich denke, ich höre nicht richtig. Dieter glaubt also, dass ich die Prüfung schaffen kann.

Das glaubt er aber auch nur, bis ich an der Einmündung mit dem grünen Blechpfeil bei Rot nicht zuerst an der Haltelinie anhalte, nicht zwei Sekunden vor dem Stoppschild warte und mit Schwung um die Ecke in die 30er-Zone schieße. Da schüttelt er nur den Kopf.

»Such dir mal 'ne Parklücke.« Das lasse ich mir nicht zweimal sagen und wähle eine sehr kleine aus.

»Mensch, Mädel, da passt du nicht rein«, sagt Dieter.

»Doch. Ich suche die Herausforderung. Lass mich mal machen!«

Es wird doch etwas schwerer, als ich gedacht hatte. Dieter erzählt mir von irgendeiner Annegrit, die erst bei einem anderen Fahrlehrer war und immer gesagt hat, dass sie das bei dem aber so gelernt hat.

»Und ich meinte zu ihr, dit is' ja alles schön und gut, aber jetzt machste mal genau, was ich dir sage. Und in der Prüfung ist sie dann prompt durchgefallen.« Ich denke, na toll, so eine Story brauche ich ja jetzt. Dabei kurbel ich nach links und wieder nach rechts. Mist, immer noch zu weit vom Bordstein weg. Ich muss korrigieren. »Und dann hat sie noch drei Fahrstunden genommen, und bei der Prüfung war sie wie ausgewechselt. Und hat bestanden.«

Das klingt jetzt allerdings wieder interessant. Welche Geheimwaffe hatte diese Annegrit?

»Und was war mit ihr? Hat sie heimlich geübt? Oder hatte sie was genommen?«

»Nee. Ganz einfach. Sie hat in der Prüfung einfach genau das gemacht, was ich ihr beigebracht hatte.«

»Ach so. So eine Geschichte ist das. Okay.«

»Mensch, Mädel, du passt hier nicht rein! Das schaffst du nicht!«

»Doch, schaffe ich, warte. Noch ein Versuch. Ich fahre noch mal raus.«

Ich schaffe es nicht. Vielleicht war die Lücke wirklich zu klein. Ich suche mir eine andere. Eine mit nur einem Auto vorne und keinem Auto hinten. Also eine sehr, sehr große Lücke. Und siehe da. Es klappt.

»Na, siehste. Geht doch.«

Wir fahren weiter. Dieter raucht. Ich fahre. Es fängt an zu regnen. Ich schalte den Scheibenwischer ein. Irgendwann ist die Stunde rum. Jetzt sind es nur noch zwei Fahrstunden. Der Countdown läuft.

20. Woche (2347,80 Euro)

Meine vorletzte Fahrstunde. Als wir zum Auto gehen, lacht Dieter und sagt: »Weißt du, was mit deinen Toffifees passiert ist?«

»Nee.«

»Die hat Murat mit ins Büro genommen. Und dann aufgegessen.«

»Alle?«, frage ich, und Dieter nickt. Tja, das lief dann wohl anders als geplant. Wäre Murat mein Fahrlehrer, ihn hätte ich mit Süßigkeiten bestechen können. Der hätte mich wahrscheinlich täglich über den grünen Klee gelobt, nur damit ich ihm wieder Toffifees mitbringe.

An der ersten roten Ampel frage ich: »Dieter, wie war dein Date?«

Dieter kichert ein bisschen. »Na ja, Date …«

»Na, was denn?«

»Na, war nett. Wir waren tanzen, und ich habe jetzt einen Regenschirm.«

»Regenschirm?«

»Es hat doch abends wie bescheuert geregnet, und da meinte die Kleene, hier, nimm meinen Schirm, und ich wollte erst nicht, na ja, und ich meinte dann, den kriegste aber wieder.«

»Und?«

»Sie meinte dann, nee, den kannst du behalten. Na, und jetzt habe ich halt einen Regenschirm. Von Esprit.«

Ich stelle mir Dieter vor, mit einem blauen Schirm mit weißen Punkten und einem rosa Rand.

»Okay, du hast einen Schirm. Aber wie war nun dein Date?«

Dieter lässt sich alles aus der Nase ziehen.

»War nett. Aber wir waren ja auch nicht alleine. Die Trude war noch da und die Gitti auch und Micha und Horst. Ich kenn da ja in dem Laden viele. Noch von ganz früher. Aber war nett gewesen. Die Nächste links.«

Ich gucke, blinke, fahre.

»Aber die große Liebe ist es nicht, oder was?«

»Was heißt große Liebe? Sie ist 'ne Nette. Aber ich glaube, sie ist auch ziemlich vereinnahmend.«

Oh, das klingt nicht gut. Dieter ist bestimmt so einer, der sich in seinem Singleleben gut eingerichtet hat. Mit seinen drei Kartoffeln und dem Gulasch. Ich kann ihn mir genau vorstellen in seiner kleinen Ein-Zimmer-Bude: »Ich brauch doch nicht viel. Also mir reicht dit.« Und dann eine Frau …

»Wir haben uns aber Montag noch mal getroffen.«

Oha! Gleich noch ein Date.

»Ich hatte sie angerufen, und wir haben uns zum Mittagessen bei Wertheim getroffen. Ich war noch eine rauchen, und sie meinte, dann treffen wir uns in der Damenabteilung.«

»Hehe, shoppen beim zweiten Date.«

»Na, ich dachte nur: Die Handtasche halte ich aber nicht.«

»Wieso Handtasche?«

»Frauen probieren doch immer was an, und dann musst

du die Handtasche halten, und dann verschwinden sie in der Umkleide, und du stehst da wie ein Depp mit einer Damenhandtasche. Nee, nee, ohne mich. Nächste Möglichkeit nach rechts.«

Ich sehe es direkt vor mir, wie Dieter da mit so einem kleinen Handtäschchen steht.

»Und dann meinte sie wirklich: ›Halt doch mal meine Tasche.‹ Und da habe ich gesagt, das kannste vergessen. Ich halte keine Handtaschen.«

»Echt? Das hast du ihr gesagt? Voll gemein.«

»Wieso? Ich mache so was grundsätzlich nicht.«

Ich denke an meinen Freund, der schon oft mit meiner Tasche irgendwo rumstand und auf mich gewartet hat. Okay, meine Taschen sind auch keine Handtaschen. Meine Taschen hat alle Frau Dienstag genäht, und die sind eher cool. Frau Dienstags Taschen kann man auch als Mann tragen. Ich hatte noch nie eine richtige Damenhandtasche. Ich sehe damit auch aus wie eine Transe.

»Aber Dieter, sie war bestimmt traurig. Und wenn du da stehst mit einer Handtasche, dann macht dich das doch noch cooler, weil jeder sieht, dass du eine Frau dabeihast. Ich würde sagen, das macht dich noch männlicher.«

Dieter sieht das anders. Er hat seine Prinzipien. Nicht loben, keine Handtaschen halten und sogar niemanden von seinem Essen probieren lassen.

»Du sollst nicht so gemein sein zu der Frau. So wird das doch nichts. Wie alt ist sie denn?«

»So alt wie ich, also vom Alter her passt das.« Ich denke noch: Schön, dass Dieter auf gleichaltrige Frauen steht, und will ihn gerade dafür loben, da sagt er: »Jüngere Frauen hatte ich auch schon. Meine letzte, die war 20 Jahre jünger als ich.«

»Oh, nee!«

Dieter lacht: »Frei nach dem Glühbirnenbuch der Liebe. Lieber eine strahlende 20er als eine matte 40er.« Lachen, husten, röcheln, Fenster auf, rauchen. »Mensch, Mädel, hier ist 50. Nicht schneller fahren!«

Ich denke über Dieter und die Frauen nach.

»Wir treffen uns morgen noch mal«, sagt Dieter.

Ich freue mich. »Super. Und dann sei mal ein bisschen nett. Jetzt kommt doch der Frühling.«

»Was hat der denn damit zu tun?«

»Na, verliebt sein im Frühling wäre doch schön.« Und das wünsche ich Dieter wirklich von Herzen, dass er verliebt durch den Frühling geht. Man kann doch auch mal über seinen Schatten springen. Eine Handtasche halten … als wäre das nun so schlimm.

»Jetzt fahr mal rauf zum TÜV, wir werden noch mal quer einparken«, sagt Dieter, und ich mache, was er sagt.

Morgen ist die Prüfung! Ich mach mir fast in die Hose. Dieter ist die Ruhe selbst. Ich fange immer wieder an, von meiner Angst zu sprechen, aber er geht da gar nicht drauf ein. Dieter hat morgen noch eine andere Prüfung am Nachmittag. »Die Steffi, oh Mann, die ist so aufgeregt.«

»Noch aufgeregter als ich?«, frage ich, und er guckt mich nur an. Wahrscheinlich merkt er gar nicht, dass ich Angst habe. Am liebsten würde ich sagen: Dieter, ich falle ja dann morgen nicht nur durch, ich hab auch noch blöderweise jedem erzählt, dass ich morgen die Prüfung habe. Sogar meinem Zigarettenverkäufer. Durchfallen ist ja das eine, aber öffentlich durchfallen? Na ja, öffentlich … wird ja nicht live im Fernsehen übertragen. Zum Glück. Das wäre doch mal ein Format. So eine Führerschein-mach-Reality-Show. Ich würde mir das ansehen, und wahrscheinlich würde ich mich immer voll freuen, wenn einer durchfällt.

Jetzt mal ganz ehrlich, ich falle morgen garantiert durch. Gestern nach der Fahrstunde meinte Dieter noch: »Na, wenn das heute die Prüfung gewesen wäre, dann wärst du durchgekommen.« Und heute fahre ich so eine derartige Grütze zusammen. Alles, was ich schon konnte, habe ich wieder vergessen, ich schalte dauernd falsch, ich fahre über ein Stoppschild, gucke nicht bei Rechts-vor-links, ich weiß auch nicht, was heute mit mir los ist. Plötzlich denke ich: Wie ging das alles noch mal? Hilfe, ich bin noch nicht so weit! Ich will noch mehr Stunden. Ich brauche noch mehr Fahrlehrer! Heute hatte ich auch plötzlich Angst auf der Straße. Was mache ich eigentlich hier? Wieso sitze ich denn in einem Auto? Warum bleibe ich nicht bei der Monatskarte und fahre U-Bahn? Da kann man wenigstens während der Fahrt lesen.

»Bieg mal links ab«, sagt Dieter.

Ich fahre auf die Ampel zu, und im Augenwinkel sehe ich, dass sie gelb wird, und kriege plötzlich voll den Schock und bremse. »Was machst du denn?«

»Ich weiß auch nicht. Ich dachte …«

»Du sollst nicht denken! Seit wann bleiben wir bei einer gelb werdenden Ampel einfach stehen? War doch alles frei, hättest du fahren können. Freie Bahn mit Marzipan!« Dieter schüttelt den Kopf. Ich denke: Na super, das kann ja morgen was werden!

Bestimmt wird der Prüfer sauer, weil ich so schlecht fahre und es wage, derart unfähig in die Prüfung zu gehen. Wahrscheinlich hält der gar nichts von älteren Fahrschülern. Und vielleicht hält der gar nichts von Frauen im Auto, wenn sie nicht mit langen blonden Haaren auf dem Beifahrersitz sitzen.

»Lass dir bloß nicht einfallen, irgendwas neu zu lernen«, sagt Dieter streng.

»Hä? Was jetzt?«

»Du sollst morgen nur alles so machen, wie wir das bisher gemacht haben.« Ich hatte gar nicht vor, irgendwas neu zu lernen oder mir was Neues auszudenken. Ich wollte mir ein paar Videos im Internet ansehen, aber das mache ich vielleicht lieber nicht. Ich soll abbiegen und schneide die Kurve. Dieter sagt: »Mensch, Mädel, warum hast du nicht mit 20 den Führerschein gemacht?« Und das frage ich mich auch.

Die Prüfung (2447,80 Euro)

»Nächste dann links«, sagt der Prüfer. Ein dicker gemütlicher Kerl. Ich fahre nach links, dann nach rechts, mache alles, was er sagt. Dieter summt neben mir leise. Läuft! Auf die Autobahn zu fahren war gar kein Problem. Wieder runter auch nicht. Jetzt sind wir auf dem Rückweg. Geparkt habe ich noch nicht. Aber das machen wir dann wohl auf dem TÜV-Gelände. Da ist es schon. Ach, wie schön, die wehenden Fahnen. Und gleich ist es fertig. Ich bin gefahren wie ein junger Gott. Kurzer Blick zu Dieter. Er strahlt auch.

»Jetzt rechts«, sagt der Prüfer, »dann gleich wieder rechts.« Jetzt kommt wahrscheinlich noch das Quereinparken. Türgriff zwischen die Autos, Rückwärtsgang, dann eindrehen und langsam rein. Langsam, langsam, gegenlenken, Räder gerade, Gang raus, Handbremse ziehen, Motor aus.

Ich gucke nach hinten. Der Prüfer lächelt. »Frau Freitag, ich darf Ihnen zur bestandenen Prüfung gratulieren.«

Bestanden, bestanden, bestanden! Ich schüttele dem Prüfer die Hand. Dieter gratuliert mir auch. Ab da ist alles wie ein Rausch. Ich bekomme einen Zettel, der Prüfer bleibt, wir fahren zurück. Radio läuft, Dieter raucht, und ich bin glücklich. Von der Fahrschule laufe ich nach Hause. Yeah, bestanden! Dann bin ich zu Hause. Ich sitze auf der Couch. Warum habe ich noch niemanden angerufen und mich feiern lassen? Komisch.

Piep, piep, piep. Der Wecker. Wo bin ich? Scheiße, das war nur ein Traum. Oh nein, ich hab die Prüfung noch gar nicht gehabt. Es ist erst sechs, und die ganze Sache liegt noch vor mir. Ich stehe auf. Mein Knie tut weh. Mist. Das Brems- und Gasgebeknie schmerzt. Hoffentlich beeinflusst das später nicht meine Fahrtüchtigkeit. Ich frühstücke, rauche und gucke das Morgenmagazin. Die haben es gut. Wahrscheinlich haben die alle schon ihren Führerschein. Die Moderatoren und die Frau von den Nachrichten und der vom Wetter bestimmt auch. Nur ich nicht. Geduscht habe ich auch schon, die unbequeme gegen die bequeme Hose getauscht, und es ist immer noch nicht Zeit loszugehen. Ich rauche noch eine. Ich muss schon wieder aufs Klo. Ich war doch gerade. Oh Mann, krass, so eine Prüfung zu haben. Meine armen Schüler. Die haben das ja dauernd. Erst immerzu Klassenarbeiten und dann MSA-Prüfungen und später Abi. Ob die auch immer so aufgeregt sind?

Auf dem Weg zur Fahrschule kann ich niemanden anrufen, um mich beruhigen zu lassen, weil es noch viel zu früh ist. Ich bin auch viel zu früh. Vor der Fahrschule gucke ich mir die Rechtsabbieger an. Okay, jetzt schalten sie runter, gucken, fahren. Dann kommt Dieter. Er gibt mir die Hand. Ich bin aufgeregt, und Dieter fragt immer wieder: »Warum biste denn so aufgeregt? Mensch, Mädel, entspann dich!«

Wir gehen zum Auto und fahren los. Die gewohnte Strecke nach Tempelhof. Quereinparken, 30er-Zone, Gefahrenbremsung, dann zum TÜV. Beide noch mal aufs Klo und eine rauchen. Drei Männer stehen neben mir am Aschenbecher. »Auch Prüfung?«, frage ich. »Nee, nee, nur Probefahren.« Wir reden ein bisschen über das Wetter und den Verkehr, und sie wünschen mir viel Glück.

Dann kommt der Prüfer. Er sieht nett aus, setzt sich auf die Rückbank und fragt nach meinem Personalausweis. »Oh, der liegt hinten.« Neben mir hält ein Fahrschulauto. Die haben auch einen Prüfer hintendrin. Und die Prüfung ist offensichtlich vorbei. Ich hole meinen Perso aus dem Kofferraum und gebe ihn dem Prüfer. Der fragt mich nach den Leuchten und wo man die Heckscheibenheizung anmacht. Ich weiß alles, und wir fahren los. »Rechts, dann links.« Ich schleiche mich vom TÜV-Gelände in den Verkehr. »Dann geradeaus.« Aber geradeaus stehen zwei riesige Lkws und rangieren sich einen ab. Ich muss sowieso an der Ampel halten. Diese Lkws verwirren mich total. Eigentlich hätte ich mich rechts einordnen müssen. Hab ich aber nicht. »Dann nach links!«

Ich biege links ab und fahre ein Stück geradeaus. »Dann vorne links auf die Autobahn Richtung Steglitz.« Und ich denke: Waaas? Autobahn Richtung Steglitz? Was soll das denn jetzt? Hier waren wir noch nie. Ich werde etwas unsicher. Wo ist hier die Straße, die auf die Autobahn führt? Und fängt die Autobahn hier gleich an? Ich biege ab und bin plötzlich auf einer dreispurigen Straße. Aber das ist doch nicht die Autobahn, oder? Ich schalte in den dritten Gang und fahre 50. Mehr geht sowieso nicht, weil es zu voll ist. Dann werde ich doch noch auf die richtige Autobahn geleitet. Aber was ist das? Wo sind die anderen Autos? Ich bin ganz alleine. Und wo fahre ich überhaupt hin? Nach einer Weile denke ich: Scheiße, ich fahre hier mit 80 im dritten Gang. Besonders umweltschonend ist das nicht, deshalb schalte ich schnell in den fünften. »Die Nächste wieder runter!« Aber runter ist in diesem Fall rauf. Noch immer ist nirgends ein anderes Auto zu sehen. Was ist hier los? Ist die Autobahn vielleicht gesperrt? Ist was Schlimmes passiert und alle sind tot? Ich blinke rechts, um von der Autobahn runterzukommen. Aber auf meinem Fahrstreifen – der rechte ist ja immer meiner – steht so ein Riesenauto von der Autobahnmeisterei, und zwei Leute werkeln an dem Fahrzeug rum. Also kann ich ja nicht rechts fahren. Ich ordne mich links ein und versuche, die Fahrbahn hochzufahren. Oben ist eine Ampel. Wie mache ich denn das jetzt? Hochfahren, da muss ich doch Gas geben. Runterfahren, das kann ich, rollen lassen, dann Kupplung treten, dann anhalten. Aber hoch? Und dann stehe ich an der Ampel, und der Prüfer sagt: »Jetzt nach links!« Ich stehe ja auch schon links, und vor mir ist alles frei. Immer noch kein anderes Fahrzeug außer mir unterwegs. Ist das jetzt *The Walking Dead,* und von links kommt gleich eine Horde Zombies angehumpelt? Als die Ampel grün wird, fahre ich los. Mist, ich bin ja links, ich muss doch immer rechts fahren, also rüber. Geht doch.

Ich will gerade weiterfahren, da sagt Dieter: »Fahren wir zurück, oder?« Scheiße! Ging wohl doch nicht, was ich da eben gemacht habe. Ich fahre die Straße runter, und der Prüfer sagt: »Halten Sie mal hinter dem roten Wagen.« Ich halte. Das war's dann wohl. Einparken will er wahrscheinlich nicht mehr sehen.

»Wissen Sie, was Sie falsch gemacht haben?«, fragt er.

»Äh, ich war in der falschen Spur, oder?«

»Sie haben schon gleich am Anfang die Spur gewechselt, ohne zu gucken. Das hätte ich Ihnen noch durchgehen lassen. Aber jetzt haben Sie drei Spurwechsel gemacht, ohne zu gucken und ohne zu blinken. Oben an der Ampel haben

Sie auch zu spät gemerkt, dass Sie noch nach rechts blinken. Sie sollten ja nach links.« Und dann redet er weiter, und ich höre gar nicht mehr, was er sagt. Durchgefallen. Mist. Dieter ist bestimmt total enttäuscht von mir. Er kann jetzt nicht mal sagen, dass ich nicht gemacht habe, was er gesagt hat, ich habe da eben so einen megamäßigen Unsinn abgeliefert, damit hätte niemand gerechnet. Und warum? Nur weil ich so verwirrt war, dass wir nicht mehr in Tempelhof sind. Wahrscheinlich bin ich einfach nicht gemacht fürs Autofahren. Vielleicht war das der Weckruf. Dieter und ich wechseln die Plätze, ich sitze stumm neben ihm und starre vor mich hin. Durchgefallen. Mist.

Beim TÜV verabschiedet sich der Prüfer, und Dieter fährt mich nach Hause. Ich rauche. »Was heißt, du warst verwirrt, weil du das nicht kanntest? Wenn du den Führerschein hast, musst du durch ganz Berlin fahren können!«

Dann sagt Dieter: »Mach dir nichts draus. Ist doch nicht so schlimm. Ist doch besser als ein Puckel.«

Ich frage: »Was?«

»Na, ein Puckel auf dem Rücken, den sieht man. Dass du durchgefallen bist, sieht man nicht.« Puckel? Ach, er meint einen Buckel. Ja, eigentlich hat er recht. Lieber durchfallen als einen Buckel. Wenigstens bin ich nicht wegen so einer Lappalie durchgefallen, sondern mit Pauken und Trompeten.

21. Woche (2497,80 Euro)

Das Durchgefallensein an sich ist eigentlich gar nicht so schlimm. Aber warum habe ich jedem erzählt, wann ich die Prüfung habe? Jetzt muss ich allen genau erklären, was da schiefgelaufen ist. »... und dann sagt der Prüfer, dass ich auf die Autobahn nach Steglitz fahren soll, und ich denke: Scheiße, da war ich noch nie, und ab da ...« Tausendmal der gleiche Text. Tausendmal gute Worte, die mich aufbauen sollen. Ich bin auch nicht in schlechter Gesellschaft. Einmal durch die Prüfung zu fallen gehört wohl zum Führerscheinmachen dazu. Wenn man nicht gerade auf dem Dorf Autofahren gelernt hat und in seiner Prüfung 30 Minuten hinter einem Traktor hergeschlichen ist, dann gehört es zum guten Ton. Ich höre mir alle Durchfallgeschichten meiner Freunde und Bekannten an. Nützt mir jetzt zwar auch nichts, aber Solidarität schadet ja nie.

»Ich habe dir extra keine Blumen gekauft«, sagt der Freund, »weil ich ja nicht wusste, ob du durchkommst. Beim nächsten Mal schaffst du das bestimmt!«

»Und wenn nicht? Wenn ich einfach aufhöre?«

»Nee, jetzt bist du doch schon sooo weit, und du hast doch auch schon 2000 Euro ausgegeben«, sagt der führerscheinlose Freund, der immer noch davon spricht, wie schön das wird, wenn ich ihn dann endlich im Auto rumfahre. 2000 Euro ... ha, es sind schon 2500 Euro. Voll krass. 5000 Mark wären das früher gewesen. Ein Führerschein kostete doch damals immer 2000 Mark. 5000 Mark, dafür hätte man damals schon fast eine Eigentumswohnung bekommen, oder?

Und jetzt muss ich noch mal drei Fahrstunden nehmen, und ich muss auch noch mal die Anmeldegebühr für die Prüfung bezahlen. Die lassen sich mein Unglück ganz schön was kosten. Da geht es einem schon schlecht, weil man den Führerschein nicht geschafft hat, und dann kostet diese ganze Misere auch noch so viel mehr Geld. Na ja, selbst schuld. Warum mache ich auch so viele Spurwechsel, ohne zu gucken und ohne zu blinken?

Morgen wieder zu Dieter.

»Dieter, kannst du die Heizung runterdrehen?«, frage ich. Meine erste Fahrstunde nach der nicht bestandenen Prüfung. Meine insgesamt sechsunddreißigste. Dieter hatte nach mir noch zwei andere Prüflinge. »Ja, die Steffi und die Lara, die haben es beide geschafft.«

»Na, die haben sich bestimmt gefreut«, sage ich.

»Klar. Du hättest dich ja auch gefreut«, sagt Dieter.

Ja, ich hätte mich auch gefreut. Jetzt sitzen Dieter und ich wieder im Auto, als sei nichts gewesen.

»Nächste dann links.«

Draußen scheint die Sonne, und im Auto ist es heiß. »Dieter, kannst du die Heizung ausstellen?«

»Hast du aufsteigende Hitze?«, fragt er und lacht: »Kommst du in die Wechseljahre? Hahaha, du bist in den Wechseljahren.«

Da bin ich nicht nur durch die Prüfung gefallen, nein, jetzt komme ich wohl auch noch ganz plötzlich in die Wechseljahre. Dabei hat Dieter einfach nur die Heizung zu doll aufgedreht.

»Nein! Ich bin nicht in den Wechseljahren. Du hast einfach ein Durchblutungsproblem, wenn du immer noch kalte Hände hast. Kommt wahrscheinlich vom Rauchen«, kontere ich. »Apropos rauchen«, sagt Dieter: »Ich werde mir mal eine genehmigen.«

Wir fahren die Prüfungsstrecke noch einmal ab. Nützt mir jetzt auch nichts mehr. Ich fahre diesen Kackweg seit Freitag dauernd in meinem Kopf, und da mache ich auch alles richtig. Genau wie jetzt. »So, und hier hättest du einfach nur blinken und gucken müssen.« Schrecklich. Alles ist wieder da. Autobahn im dritten Gang, Fahrspurwechsel ohne blinken, nur die Autobahnmeisterei fehlt.

»Guck, da sind schon wieder Blumen auf der Mittelinsel«, sagt Dieter. »Heute ist ja kalendarischer Frühlingsanfang.«

»Der war gestern«, sage ich.

»Ach ja, stimmt. Aber von Frühling merke ich noch nichts.«

»Wieso, da sind doch überall Krokusse auf dem Boden und auch schon ein paar Knospen an den Bäumen.«

»Nee, ich seh noch nichts vom Frühling.«

»Und die Liebe? Was macht die Liebe?«, frage ich.

»Die nervt«, sagt Dieter.

»Warum das denn?«

»Die hat mir gestern drei SMS geschickt und abends angerufen. Und ihr ginge es so schlecht. Sie hätte Dünnpfiff und ob ich denn ihre SMS nicht gelesen hätte. Und ich so, ›nee, hab ich nicht‹. Dabei hatte ich die gelesen.«

»Na, bei WhatsApp wäre das nicht gegangen. Da sieht man, wenn der andere deine Nachricht gelesen hat.«

Dieter lacht: »Ja, sie jammert auch rum: ›Warum hast du denn kein WhatsApp?‹ Ich sag, ›wozu brauch ich WhatsApp?‹. Brauch ich nicht.«

»Na, da kannst du dich jedenfalls nicht damit rausreden, dass du ihre Nachrichten nicht gelesen hast. Das wird da nämlich angezeigt.«

Dieter schüttelt den Kopf: »Nee, die Dame nervt. Die quatscht Romane ohne Sinn und Zweck. Nichts von wegen: Fass dich kurz oder so. Sie erzählt mir da genauestens von ihrem Durchfall. Das interessiert mich gar nicht. Fehlte nur noch, dass sie die Konsistenz beschreibt. Ob der dünnflüssig oder …«

»Ja, ja, schon gut, Dieter. Ist sie wenigstens lustig?«

»Nee.«

Wir fahren durch Tempelhof und dann wieder auf die Autobahn Richtung Hamburg. »Nun gib mal Stoff! Los, gib Gummi.« Ich versuche Stoff und Gummi zu geben, aber irgendwie erscheint mir heute Tempo 80 schneller als sonst. Vielleicht ist das mit dem Autofahren einfach nichts für mich. Wenn ich daran denke, dass ich in zwei Wochen schon wieder Prüfung habe – mir tut das Knie weh, und so richtig Spaß macht es heute auch nicht. Vielleicht ist das normal, wenn man durch die Prüfung gerasselt ist. Steffi hat bestimmt abends schön gefeiert und ist dann das ganze Wochenende durch Berlin gedüst, während ich immer wieder das Gleiche erzählen musste. »… mit Pauken und Trompeten … Nein, der Prüfer war sehr nett … Ja, ich muss mir das mit dem Spurwechsel noch mal angucken … Ja, nächstes Mal schaffe ich es.« Was ist denn, wenn ich es nächstes Mal nicht schaffe? Wann kommt dieser Idiotentest? Und was ist das überhaupt? Vielleicht bin ich dazu verdammt, den Rest meines Lebens neben Dieter durch Tempelhof zu fahren. Zweimal die Woche, bis an mein Lebensende. »Nächste rechts und dann an der Ampel links.«

»Ich würde niemandem sagen, wann die nächste Prüfung ist«, sagt eine Freundin. Auch im Internet wird immer empfohlen, den Prüfungstermin für sich zu behalten. Zu spät. Alle wissen bereits, dass ich wieder ranmuss. Die Prüfung ist am Dienstag, und ich habe keinen Bock. Keine Angst – nur eine richtig große Bocklosigkeit. Regelrecht gelangweilt fühle ich mich. Dienstagabend bin ich schon verabredet. Besaufen, feiern, trauern … eigentlich egal.

Vielleicht einfach mit dem ganzen Führerscheingemache aufhören? Ich habe wirklich gut ohne den Scheißschein gelebt. Und der Ärger hört doch dann nicht auf. Dann kommt, sich beim Gebrauchtwagenkauf von windigen Gesellen übers Ohr hauen lassen – woran würde ich denn einen Unfallwagen erkennen, wenn der nicht eindeutig irgendwo eingedellt ist? Dann kommt, sich mit Versicherungen auseinandersetzen. Formulare, die ich nicht lesen will, lesen. Dann kommen Unfälle und Blechschäden. Ich werde immer schuld sein. Und wenn nicht, dann werde ich denken, ich sei schuld. Dann kommen Werkstatt und Fachsprache, die ich nicht verstehe. Dann fühle ich mich wieder dumm.

So ein Auto ist doch eigentlich dem Menschen voll überlegen. Ich kann doch so einem Auto gar nichts entgegenhalten. Ein sehr ungleicher Gegner. Ich verstehe so ein Auto nicht. Dass ich so ein großes Ding bediene, ist eigentlich nicht normal. Ich fahre doch nicht mal gut Fahrrad. Ich kann laufen. Ich laufe gut. Obwohl – mit dem neuen Knieschaden. Und sicher würde ich einen fetten Autofahrhintern bekommen.

Aber was soll ich ohne Dieter machen? Dieter strukturiert meine Woche. Ich brauche diese regelmäßigen Fahrstunden. Ich bin doch ein Sklave der Gewohnheit, und so ein strukturloses Sabbatjahr ist für meine Persönlichkeit eigentlich Gift. Die Arbeit mit Netflix zu ersetzen ging ein paar Wochen. Momentan habe ich mich von Netflix emanzipiert. Lebt sich auch gut ohne Netflix. Aber ohne Dieter? Als Frau hat man bei Dieter ja nur Chancen, wenn man ihn bezahlt. 50 Euro für ein bisschen mit ihm rumgurken. »Mensch, Mädel« – im Preis inbegriffen. Genauso wie: »Ich hätte ja runtergeschaltet.« Und: »Nicht denken. Einfach machen, was ich sage.«

Die Stunden nach meinem grandiosen Scheitern fahre ich wie ein Zombie. Wieder durch Tempelhof. Lustlos und apathisch. Und ich mache auch immer wieder Fehler. Mit erfahrenen Autofahrern zu fahren bringt auch nichts, die blinken gar nicht, und auf Schulterblicke kann man da auch ewig warten.

Mist. Ich muss doch bei der Prüfung wenigstens so tun, als sei ich am Bestehen interessiert. Emotional habe ich mich schon längst davon entfernt. Vielleicht ist das normal. Vielleicht ist das ein Schutzmechanismus. Vielleicht ist das Evolution. Das Mammut ist ja schon um die Ecke gerannt, da brauch ich jetzt auch nicht mehr hinterher, krieg ich sowieso nicht mehr.

Aber ich will ja auch nicht alle, die immer sagen: »Das schaffst du nächstes Mal ganz sicher«, die will ich ja nicht enttäuschen. In meinem Alter sollte man eigentlich keine Prüfungen mehr machen. Da sollte man alle Prüfungen schon hinter sich haben. Steuerprüfung, okay, aber sonst?

Geht diese Bocklosigkeit wieder weg? Ist die normal? Ich kann doch nicht im Ernst wollen, dass ich mein Leben lang zweimal die Woche mit Dieter durch die langweiligen 30er-Zonen in Tempelhof schleiche. Das Leben muss doch noch mehr zu bieten haben.

Meine siebenunddreißigste Fahrstunde verläuft unspektakulär. In der achtunddreißigsten erzählt mir Dieter, dass die Frau mit dem Durchfall ihn zu Hause besuchen wollte.

»Na, hoffentlich hattest du auch aufgeräumt«, sage ich.

»Bett war nicht gemacht«, sagt er.

Ich glaube, das wird nichts mehr mit Dieter und der Dame. Warum verlässt der Mann überhaupt das Haus, ohne sein Bett zu machen? Das ist doch nicht schön, wenn man Feierabend hat und dann ist das Bett nicht gemacht. Wahrscheinlich stinkt es bei Dieter in der Wohnung auch. So viel, wie der raucht. Und so schnell, wie dem kalt wird – da ist er bestimmt auch nicht der große Durchlüfter.

»Sie wollte mit mir ans Meer fahren«, sagt er.

»Oh, wie schön«, sage ich, aber Dieter schüttelt angewidert den Kopf, als sei Ans-Meer-Fahren die größte Zumutung, die man sich vorstellen kann.

»Wenn die mein Gesicht gesehen hätte …«

Die arme Frau wird seinen Widerwillen gegen den Meeresbesuch auch so mitbekommen haben. Wenn ich mit Dieter spreche, dann gucke ich ihn ja auch nie an. Das ist dann so wie telefonieren, und ich kann mittlerweile jeden Tonfall von ihm deuten. Meistens ist er schlecht gelaunt.

Vielleicht macht Dieter das ja ganz richtig mit den Frauen. Ich habe so viele Freundinnen, die gerne einen Freund hätten, aber keinen finden. Und Dieter – dem rennen die Damen ja regelrecht die unaufgeräumte Bude ein. Aber das scheint ihn gar nicht zu interessieren. Jeder Annäherungsversuch langweilt, jede Flirterei nervt ihn. Und trotzdem geben die Frauen nicht auf. Dieter, die harte Nuss, die es zu knacken gilt. Irgendwie gehöre ich ja auch dazu. Ich buhle um seine Gunst. Ich möchte von ihm gelobt werden.

»Jetzt park mal den Wagen«, sagt Dieter müde am Ende der Stunde. Ich finde die perfekte Parklücke. Vorfahren, anpeilen, einschlagen, gucken, wieder einschlagen, aber zur anderen Seite, Räder gerade, vorrollen, fertig. Ich gucke in die Seiten- und in den Rückspiegel. Ich stehe perfekt! Sofort hebt sich meine Laune. Wir schnallen uns ab.

»Das war gut, wa?«, frage ich, aber Dieter guckt mich nur kurz an, öffnet dann die Tür und steigt aus. Vor dem Altbau, vor dem ich geparkt habe, steht ein DHL-Typ mit drei Paketen im Arm und wartet, dass ihm aufgemacht wird. Er guckt zu uns. Ich schlage die Fahrertür zu.

»Hast du gerade gesehen, wie geil ich eingeparkt hab?«, frage ich ihn. Er sieht sich kurz um, ob ich wirklich ihn meine, grinst dann und nickt. Ich leg noch einen nach: »Das war super, wa? Das war PERFEKT!«

Er nickt immer noch und hält den Daumen hoch. Dann verschwindet er im Hausflur. Dieter steht neben mir, zündet sich eine Zigarette an und schüttelt den Kopf.

22. Woche (2752,80 Euro)

Morgen ist die Prüfung.

»Du hast die Schnauze und die Hose voll«, sagt der führerscheinlose Freund.

Ich sage: »Ich komme mir vor wie eine hochschwangere Frau, die keinen Bock mehr auf den dicken Bauch hat und auch gar nicht mehr daran denkt, dass da noch ein Kind rauskommt.« Bei mir könnte ja ein Führerschein rauskommen. Aber momentan denke ich nur: Warum tue ich mir das denn an?

»Möchten Sie gerne zur Wurzelbehandlung ohne Betäubung?«

»Ist denn an meinen Wurzeln was nicht in Ordnung?«

»Nö. Aber warum sich nicht trotzdem mal ’nen kleinen Eingriff gönnen.«

Und ich so: »Ja, super, machen Sie mal.«

Heute war die letzte Fahrstunde, und man sollte doch meinen, dass selbst Dieter sich heute – eine Stunde vor der Prüfung, der Prüfung des Prüflings, der schon einmal durchgefallen ist – mal zu ein wenig Motivation hinreißen lassen würde. Aber weit gefehlt. Dieter hat sich auch schon emotional abgemeldet. Er sitzt da und schnieft. »Keine Ahnung, wo ich diesen Rotz jetzt schon wieder herhabe.« Ich kann es ihm auch nicht sagen. Die Sonne knallt durch die Fenster, aber die darf ich nicht aufmachen, weil Dieter ja erkältet ist. Er sagt mir immer nur, wo ich langfahren soll. »Links, rechts, an der zweiten Ampel wieder links.« Eigentlich gut, ist so ein bisschen wie die Prüfung, außer, dass das Radio volle Pulle läuft und Dieter eine nach der anderen raucht. Ich biege tangential genial ab und versuche, keine Kurven zu schneiden, weil ich das wohl IMMER mache und überhaupt ALLE das IMMER machen – vor allem wir Frauen. Heute fahre ich die Kurven so was von super, aber Dieter schweigt. Ich gucke wie bescheuert in alle Richtungen. Innenspiegel, Außenspiegel, Schulterblick. Und Dieter sagt nur: »Da musst du nicht gucken. Da hast du doch vorhin schon geguckt. Dit reicht.« Ich parke quer ein und korrigiere so gekonnt, dass ich stehe wie im Lehrbuch, und Dieter sagt nur: »Nicht so dicht aufschließen. Du musst ja gleich wieder rausfahren.«

Okay, wenn Dieter nicht mitmacht, dann lobe ich mich einfach selbst. Stumm. »Super, Frau Freitag, jetzt ranrollen, bremsbereit, rechts gucken, ob jemand kommt, vorher links gucken, ob da der Tod lauert, und weiter. Sehr gut.«

Plötzlich Dieter: »Ich hab gestern 1000 Euro für Klamotten ausgegeben.«

»Echt?«

»Ja. Eigentlich wollte ich nur zwei Batterien kaufen.«

»Und was hast du dir gekauft?«

»Einen Anzug, eine Lederjacke, ein Hemd und eine Krawatte.«

»Na, kann man alles gebrauchen. Vorne links oder rechts?«

»Rechts. Ja, ich wollte einen leichten hellen Anzug, und der sieht auch schau aus. Ich hatte den gleich am Abend an.«

»Und?«

Dieter lacht. »Kam gut an. Ich war der bestangezogene Mann im Laden. Eine Augenweide.«

»Eine Augenweide?«

»Ja, haben die Damen gesagt.«

Ich frage: »Hast du denn die Batterien auch noch gekauft?«

»Ja, hab ich. Und dann hab ich den Laden mit dem Anzug gesehen.«

»Vielleicht ziehst du den Anzug morgen an.«

»Morgen, wieso?«

»Na, zur Prüfung.«

»Pfff. Nee, nee, wat soll ick denn da mit 'nem Anzug?«

Ich weiß es auch nicht. Dieter, warum kannst du mich nicht mal loben? Ich fahre doch heute so schön. Ich mache auch gar keine Fehler, weil, die sagst du mir ja immer postwendend. Was wäre denn jetzt so schlimm, mal zu sagen: »Du machst das schon«? Kannste nicht mal über deinen Schatten springen? Nee, wa? Kannste nicht. Na ja, dann eben nicht. Dieter sagt nur: »Okay, dann bis morgen. Ich geb dir mal nicht die Hand.«

Abends klicke ich mich durchs Internet. Auf YouTube finde ich Michas Internetfahrschule. Micha begrüßt mich vom Fahrersitz seines Autos. Die Schultern hat er hochgezogen, und er hat eine dicke Jacke an. Ihm ist kalt. Draußen liegt Schnee. Micha erzählt was vom Rückwärts-längs-Parken an der Bordsteinkante und von der simulierten Notbremsung. Dann spricht er über technische Fragen. Micha will, dass ich alles über den Reifen weiß – Profiltiefe, Winterreifen, Sommerreifen, Reifendruck –, ich hör schon nicht mehr zu. Vielleicht gucke ich mir doch noch mal das mit dem Parken an.

Aha, ranfahren, Spiegel auf Spiegel … und dann … so hat Dieter mir das aber nicht beigebracht. Auweia, wie macht man das jetzt? So wie Micha oder so wie Dieter? Ich bin total verwirrt. Ich guck lieber nicht weiter.

Die Prüfung – zweiter Versuch (2957,80 Euro)

»Streck mal die Zunge raus«, sagt meine Schwester und träufelt mir vier Tropfen Bachblütenirgendwas in den Mund. »Die helfen immer! Wirst sehen. Da kriegst du so eine gelassene Haltung.« Die habe ich noch nicht. Wir trinken Yogitee und rauchen. »Hast du einen Glücksbringer?« Ich schüttele den Kopf. Meine Schwester gibt mir einen verstaubten Barbapapa und ein Bild von Han Solo. »Der bringt dir Glück, weil, der fliegt doch den Millennium-Falken so schön.« Ich stecke alles ein und schleiche zur Fahrschule. Ich soll mit Dieter vor der Prüfung noch eine Stunde fahren. Die Fahrschule ist voll. Murat und der neue Fahrlehrer sind da. Beide motivieren mich und sagen, dass ich die Prüfung bestimmt schaffen werde. Dann kommt Dieter.

Ich sage: »Dieter, heute musst du mich ein bisschen motivieren. Bitte.«

»Ich, motivieren? Warum? Nee.«

Oh Mann, wenn ich heute durchfalle, dann wechsele ich – diesmal wirklich.

Dieter hat keinen Bock aufs Fahren. Ich will eigentlich los. Noch mal alles üben. Aber Dieter quatscht sich fest. Ich stehe auf und gehe zur Tür. Irgendwann kommt er auch. »Nun sei doch nicht so hektisch.«

»Ich bin ein bisschen aufgeregt. Wegen der Prüfung.«

»Mensch, Mädel, nun bleib doch mal locker!«

Im Auto stelle ich das Radio aus.

»Warum machst du das aus?«

»Ich will mich konzentrieren.«

»Na und?«

»Ich kann mich nicht mit dem Radio konzentrieren. Bitte. Nur heute mal.«

Dieter schmollt. Ich merke, wie seine Laune, die sowieso nicht die beste ist, immer schlechter wird. Ich stelle das Radio wieder an. Hoffentlich raucht er nicht vor der Prüfung. Ich brauche den Sauerstoff.

Wir kommen nach Tempelhof. Ein paar »Da wäre ich ja …« und »Da hätte ich ja …« später soll ich in den verkehrsberuhigten Bereich reinfahren. Dort wieder parken. »Mensch, Mädel, warum fährst du nicht näher ran?«, sagt Dieter und schüttelt den Kopf, als sei ich die dümmste Person der Welt. Und als ich dann auf der großen Straße in den vierten Gang schalten will und (zum ersten Mal!) aus Versehen in den zweiten schalte, sagt er: »Mensch, Mädel, warum machst du nicht einfach so, wie ich es dir gezeigt habe.«

»War doch nicht mit Absicht.«

»Aber ich habe dir das doch schon sooo oft gezeigt, und du machst das immer wieder so, wie du denkst.«

Ich fange an zu schwitzen. Gucke auf die Uhr. Noch zwanzig Minuten.

»Bitte, Dieter, nicht streiten! Bitte. Nicht vor der Prüfung.«

»Ich streite doch gar nicht. Ich verstehe nur nicht, warum du nicht machst, was ich dir sage.«

»Das weiß ich doch auch nicht. Aber du kannst davon ausgehen, dass ich das nicht mit Absicht mache. Ich will das doch lernen!« Ich bin kurz vorm Heulen. Vielleicht einfach aussteigen und wegrennen.

Dieter sagt: »Na, dann mach doch einfach so …«

»JAAAA! ICH HABE ES VERSTANDEN. Deine eine Lehrmethode. Vielleicht reicht das bei mir nicht. Und heute ist sowieso das letzte Mal, dass wir zusammen fahren.«

»Das liegt doch nicht an mir, dass du das nicht kannst!«

»Doch, es wäre hilfreicher, wenn du mich kurz vor der Prüfung ein bisschen motivieren könntest und nicht auch noch mit mir streitest.« Ich gebe es auf. Verpasse die Einfahrt zum TÜV-Gelände und fahre um den Block. Vorm TÜV rauche ich eine Zigarette, und Dieter geht rein zum Prüfer.

Okay, wie war das noch: Kühlwasser, Warnblinkanlage, Motoröl, Heckscheibenheizung … Der Prüfer stellt sich vor. Er sieht nett aus. Wir steigen ins Auto, ich habe einen kurzen Blackout und fange mich dann wieder. Fragen tut er nichts.

»Wir wollen nur ein bisschen gemütlich rumfahren«, sagt der Prüfer. Gemütlich rumfahren, gemütlich rumfahren, sage ich mir immer wieder. Wir fahren links, rechts, beim Linksabbiegen fahre ich auf die volle Kreuzung und merke, dass ich mich nirgendwo mehr einordnen kann, und bleibe zum Glück noch rechtzeitig stehen. Dann Autobahn. Die ist voll. Das Auto macht komische Geräusche. Dieter quatscht den Fahrlehrer voll. Der antwortet höflich. Leider kommt er kaum dazu, zu sagen, wo ich langfahren soll. Ich werde nervös. Dann wenden, dann Gefahrenbremsung, dann zurück zum TÜV-Gelände. Heißt das jetzt, dass ich bestanden habe, oder nicht?

»So, dann steigen Sie mal aus und erholen sich, und ich rede noch kurz mit Ihrem Fahrlehrer.«

Oh Mist, jetzt diskutieren die über meinen Führerschein.

Klar, ich bin schon mal besser gefahren, aber wer fährt schon in der Prüfung so gut wie in den Fahrstunden? Was Dieter jetzt wohl sagt? Der hat doch auch keinen Bock mehr auf mich. Dieter, bitte: Set me free!

Und dann kommen sie beide aus dem Auto und: BESTANDEN!!!! Ja, Mann!!!!! Ab da weiß ich nichts mehr. Ich bin kurz auf und ab gesprungen wie ein Kind vor dem Weihnachtsbaum und habe gestrahlt. Dann hab ich dem Prüfer alles Mögliche versprochen: »Ich werde kein Raser! Ich werde nie Alkohol trinken und fahren. Ich schwöre, ich übe noch ganz viel, und ich kann auch in zehn Jahren noch mal kommen, und dann können Sie gucken, wie schön ich Auto fahren kann.« Ich kriege so einen vorläufigen Schein, mit dem ich sechs Wochen durch Deutschland fahren kann: »Oh, ich wollte gleich eine große Europatour machen«, sage ich. »Nee, nee, Spaaaß!!!«

Dieter fotografiert mich vor dem Auto, wie ich mit einem breiten Grinsen im Gesicht meinen vorläufigen Schein in den Händen halte.

Dann fährt er mich nach Hause, und wir verabschieden uns. Ich sage: »Danke«, und: »Wir sehen uns dann auf der Straße.« Dieter verdreht die Augen und sagt: »Bloß nicht!« Aber er lächelt.

Der Spätiverkäufer ist der Erste, der mir zu meinem Führerschein gratuliert. Der Erste nach dem Prüfer und Dieter. Ich kaufe mir Zigaretten, bevor ich in die Wohnung hochgehe, und halte immer noch meine vorläufige Fahrerlaubnis in den Händen, und weil ich mein Glück gar nicht fassen kann, halte ich sie dem Verkäufer direkt vors Gesicht: »Habe gerade den Führerschein gemacht!«

Dann fliege ich die Treppe hoch. Auf halbem Weg kommt mir der Freund entgegen. »Ich hab jetzt extra keine Blumen gekauft. Schlechtes Omen und so«, sagt er. Glücklich lasse ich mich in der Küche auf den Stuhl fallen, berichte von der Prüfung und rauche. Ich schicke allen Freunden das Bild, das Dieter von mir gemacht hat, und schreibe nur: *Ja, Mann!!!* dazu.

Ich fühle mich super. Ich bin King. Wie oft im Leben ist man schon King? So oft hat man doch nicht die Gelegenheit, sich so gut zu fühlen. Abitur, die Hochzeit, Examen oder Diplom, den ersten Arbeitsvertrag, vielleicht eine Verbeamtung, und dann kommt auch schon der Ruhestand. Wenn man keine Kinder hat, dann fallen ja so einige Feierlichkeiten weg: die Einschulung und das Abi der Kinder, dann deren Hochzeit und die Geburt der Enkel. Über ein ganzes Leben betrachtet, ist das eigentlich nicht so viel Grund zur Party.

Langsam fällt der Stress von mir ab. Ich habe den Führerschein bestanden! Unglaublich! In meinem Alter. Und ich bin sogar unter 3000 Euro geblieben und unter 40 Fahrstunden.

»Und das alles mit nur 39 Fahrstunden und für 2957,80 Euro! Toll, wa?«

»Echt? Fast 3000 Euro? Wirklich so viel?«, fragt der Freund.

»Na, hör mal, das ist nicht viel. In meinem Alter ist das sogar wenig. Wenn man davon ausgeht, dass man so viele Stunden braucht, wie man alt ist, also Lebensalter plus 10, da hätte ich ja alleine für die Fahrstunden schon 2900 Euro bezahlt.«

Der Freund sieht sich meinen vorläufigen Schein genauer an. Dann springt er plötzlich auf, rennt in sein Zimmer und kommt mit einem kleinen Bilderrahmen wieder. »Den hängen wir im Flur auf!«, sagt er begeistert.

»Nee, den brauche ich doch zum Fahren«, sage ich und bin irgendwie gerührt von seiner Ahnungslosigkeit.

Autokauf – (2957,80 Euro plus x)

»Ich wollte eigentlich da hin, wo so bunte Lamettafahnen sind.«

»Das sind Tankstellen«, sagt Frau Dienstag und geht zielstrebig auf den Hof mit den Gebrauchtwagen. Autokauf, eine ganz neue Welt. Ich hab gar keine Ahnung von Autos. Frau Dienstag kennt sich voll aus. »Ich dachte, wir gucken uns mal den Renault Clio an. Hier, wie findest du den?«

»Ihhh, braun.«

»Kann ich Ihnen helfen?« Ein Typ steht plötzlich vor uns. Gegelte Haare, Jackett. Ein klassischer Autoverkäufertyp. Dem traue ich nicht über den Weg, denke ich sofort. Der will mich doch bescheißen. Er lächelt.

»Sie sucht ein Auto«, sagt Frau Dienstag.

»Ah, da sind Sie ja hier genau richtig. An was dachten Sie denn?«

»Äh, ich, also ich habe erst seit einer Woche den Führerschein«, antworte ich, obwohl er mich das gar nicht gefragt hat. Na ja, jetzt ist es raus.

»Wie viel wollten Sie denn ausgeben?«

Mist, jetzt wird der schon so konkret. »Ich dachte, so 6000 Euro.« Was er jetzt wohl denkt. Denkt er, ich hab nicht mehr? Dass ich keine Ahnung von Autos hab, muss ihm ja schon klar sein. Findet er das gut oder schlecht? Er lächelt immer noch sein Verkäuferlächeln.

»Dafür kriegen Sie ja nur einen Gebrauchten. Die gehen so mit 35 000 Kilometer los, und man sagt, dass man ab

40 000 Kilometer anfängt, die Teile auszutauschen. Ich rate Ihnen da mehr zu einer Jungfrau.«

Jungfrau? Ich gucke zu Frau Dienstag. Hat der eben wirklich Jungfrau gesagt? Zu uns? Jetzt ist der Typ noch tiefer in meiner Achtung gesunken, und ich sehe an Frau Dienstags Gesicht, dass sie ihm nicht mal ein Brot abkaufen würde. Trotzdem trotten wir hinter ihm her zum Autohaus. »Ich würde Ihnen einen Twingo empfehlen. Solides Auto, und ich hab da ein besonders schönes Modell direkt vor meinem Schreibtisch stehen.« Dann fragt er mich Sachen zur Finanzierung. »Ich würde das in einem bezahlen«, sage ich schnell. Der soll bloß nicht denken, ich wäre hier auf monatliche 29-Euro-Raten angewiesen. Aber Twingo? Das klingt nicht gut. Das klingt nach Stofftier, nicht nach Auto. »Guck mal, ich hab dir einen Twingo mitgebracht.« – »Oh, ist der süß, und so flauschig.« Oder wie etwas zu essen. Aus Schokolade. »Kann ich noch so ein Twingo?« Ein Auto braucht doch auch einen Autonamen. Cherokee oder Mars oder Hummer. Autos sind doch männlich. Da muss sich doch das Technische auch in dem Namen spiegeln. Volt oder Atom oder Bizeps. Man nennt doch Damenbinden auch nicht Blade. Twingo, tzzz.

Stolz zeigt der Typ uns dann seine Twingo-Jungfrau. In Hellblau. »Und die Farbe ist doch geil, oder?« Was jetzt an diesem Hellblau geil sein soll, erschließt sich mir nicht. Das Auto ist hässlich. Ein hässlicher Kasten. Es sieht so aus, wie ich ein Auto zeichnen würde. Und dann noch diese auffällige Farbe. Damit es auch alle sehen; guckt, was für ein hässliches Auto ich habe! So ein doofes Auto müsste durchsichtig sein.

»Setzen Sie sich doch mal rein!« Das tue ich. Das hässliche Auto stinkt nach neuem Auto. Die Armaturen sind eingefasst wie ein Minigolfball. Wer hat sich denn so was Beklopptes ausgedacht? Alles ist total simpel und einfach gehalten. Ich denke: Liko. Will Adidas sein, ist aber nur Liko. Zwei Streifen statt drei. So ein Auto will ich nicht. Frau Dienstag streicht missbilligend über das weiße Minigolfplastik. »Doof«, sagt sie. »Lass mal den Clio angucken!«

Aber irgendwie will der Typ mir den Clio nicht verkaufen. »Der ist sehr hoch in der Versicherung, weil den viele Jugendliche fahren«, sagt er. Aha, ich bin also zu alt für einen Clio. Abgesehen davon finde ich den Clio auch nur ein bisschen besser als den Twingo. Die Heckscheibe ist viel zu klein, und wenn man drinsitzt, hat man auch gar nicht das Gefühl, dass man jetzt sofort losfahren möchte. Vielleicht brauche ich doch kein Auto. Vielleicht reichen die U-Bahn und der Bus. Ich bin jetzt so lange nicht gefahren, ich traue mich doch gar nicht mehr hinter irgendein Steuer.

»Können Sie uns zu dem Clio einen Prospekt mitgeben?«, fragt Frau Dienstag. Kann er nicht, weil er angeblich keinen hat. »Das müssten Sie sich im Internet ansehen.« Wir sagen okay und gehen zum Ausgang.

»Vielleicht brauche ich doch kein Auto«, sage ich zu Frau Dienstag.

»Doch, brauchst du! Lass mal zu Opel fahren, die sind hier gleich um die Ecke, und den Adam wollte ich mir sowieso mal angucken.«

Opelhaus
(2957,80 Euro plus 16 000 Euro?)

»Jetzt gehen wir aber gleich rein und gucken uns die Neuwagen an«, sagt Frau Dienstag und zieht mich am Arm in das große Opelhaus. Eine riesige Halle. Ein paar Verkäufer stehen im Anzug um einen Schreibtisch rum und quatschen. Überall glänzende Autos. Die drei Opel Adams fallen uns sofort ins Auge. Einer ist rot, einer blau und einer silbern.

»Sind die süß«, sagt Frau Dienstag und steuert auf den roten zu.

»Kann man sich da einfach reinsetzen?«, frage ich und gucke zu den Männern am Schreibtisch. Die beachten uns gar nicht. Müsste da nicht einer rüberkommen und uns sagen, dass wir uns ruhig mal reinsetzen können? Frau Dienstag ist schon an der Beifahrertür. Na, wenn die uns nicht bedienen wollen, dann bedienen wir uns halt selber. Ich setze mich auf den Fahrersitz. Ist doch eigentlich auch schöner, erst mal ohne Verkäufer in dem Auto zu sitzen. Unser blödes Gequatsche wäre mir ja vielleicht peinlich. Statt sich über die unterschiedlichen PS-Zahlen und den Verbrauch zu unterhalten, gucken Frau Dienstag und ich doch nur, ob es Spiegel in den Sonnenblenden, einen USB-Anschluss und einen Getränkehalter gibt.

»Cool, Bordcomputer! Da kann der Freund dann Videos gucken.« Frau Dienstag streichelt wieder die Armaturen. Sie ist sehr haptisch. Und diesmal strahlt sie: »Sooo schön!« Und wirklich, das Innenleben dieses Autos gefällt mir auch. Alles sieht gut aus. Nicht so nach Auto. »Und die Sitze sind total bequem«, sage ich. »Und man hat voll viel Platz, dabei ist das Auto richtig klein«, sagt Frau Dienstag. Das mit dem Platz relativiert sich, als wir beide auf die Rückbank klettern. Auf die Rückbank zu kommen gestaltet sich schon mal schwierig, dort zu sitzen grenzt ja wohl an Folter. In diesem Auto darf man nur Feinde transportieren. »Ist schon sehr eng hier hinten«, sage ich. »Aber das kann dir ja egal sein«, sagt Frau Dienstag, »du wirst ja jetzt nie mehr hinten sitzen.« Nie mehr hinten sitzen. Crazy, das kann ich mir gar nicht vorstellen. Aber wahrscheinlich hat sie recht. Zumindest wenn ich mit dem führerscheinlosen Freund unterwegs bin, werde ich wohl immer vorne hocken und fahren. Und vorne ist geil. Ich setze mich wieder auf den Fahrersitz. Man möchte sofort losfahren. Ich finde nicht mal, dass das Auto unangenehm riecht. Opel Adam – präsentiert von Germany's Next Topmodel –, wenn das nicht genau der richtige Wagen für mich ist! Wir setzen uns auch noch in den silbernen und in den blauen. Mir gefällt der rote am besten.

Dann versuchen wir, in den Kofferraum zu gucken. Aber wir kriegen die Klappe nicht auf. Jetzt könnte doch mal so ein Fachverkäufer kommen und uns helfen. Aber die Herren denken gar nicht daran. Stehen da und quatschen. Sie sehen jetzt nicht gerade besonders gestresst oder beschäftigt aus. Es sind außer uns auch gar keine anderen Kunden hier. Einer von ihnen könnte jetzt mal kommen. Die bearbeiten doch da keinen Notfall. Frau Dienstag guckt zu ihnen, während sie immer noch an der Heckklappe rüttelt.

»Entschuldigung, wie geht die denn auf?«

Widerwillig schleicht ein Jackett-Typ zu uns: »Da muss man erst die Batterie anstecken«, sagt er.

Ja, dann soll er das doch machen. Müssen wir ihm jetzt auch noch sagen, dass wir gerne hätten, dass er die Batterie … damit wir … Ah, jetzt bewegt er sich. Ist das hier eine Behörde, oder was?

Vielleicht wäre es besser gewesen, wenn uns der Kofferraum ein ewiges Rätsel geblieben wäre. »Ich nehme den Roten, packen Sie mir den bitte schön ein. Wo kann ich den bezahlen?« Und dann zu Hause – huch, da passt ja gar kein Wasserkasten rein.

»Okay, ist sehr klein hinten. Und die Rückbank ist auch nicht der Hammer, aber dafür kann man den gut parken, und er ist doch auch sooo süß.« Ich fange schon an zu relativieren. Ich bin diesem Opel Adam bereits voll auf den Leim gegangen.

»Lass mal in den Corsa setzen«, sagt Frau Dienstag, und ich setze mich widerwillig in einen langweiligen, weißen Wagen. Ich bin schon verliebt, und jetzt können die anderen Autos nicht mehr mithalten. »Der andere ist schöner. Die Sitze sind nicht so bequem. Die Farbe ist doof.«

Wir gehen in den ersten Stock zu den Gebrauchtwagen. Auch hier sind wir die einzigen Kunden. Ich frage mich, wie man die Autos hier hoch bzw. wie man die wieder runter auf die Straße bekommen soll. Frau Dienstag sitzt schon im nächsten Auto. Ich sage: »Mach mal dein Fenster auf.« Und sie lacht los. »Hä, keine elektrischen Fensterheber? Das geht ja gar nicht. Ich mache immer das Beifahrerfenster auf, um meinen Apfel rauszuwerfen.« Ich glaube, das finde ich nicht gut. Aber Kurbelfenster finde ich auch nicht gut. Dieser

Wagen kommt also nicht in Frage. Wir steigen wieder aus und laufen weiter.

Vorbei an einem Typen an einem Schreibtisch. »Ich dachte, hier wäre niemand«, flüstert Frau Dienstag. Aber der Typ hat sie bestimmt gehört. Irgendwie kann Frau Dienstag nicht flüstern. Die Leute hören immer alles, was sie nicht hören sollen. Einfach, weil Frau Dienstags Flüstern kein Flüstern ist. »Also, Autos zu verkaufen scheint hier nicht gerade die wichtigste Aufgabe zu sein«, stelle ich fest, und irgendwie gefällt mir das. Nichts ist schlimmer als ein aufdringlicher Fachverkäufer, der sich einem an die Fersen heftet und einen nicht in Ruhe gucken lässt.

Wir gehen wieder runter. Zu meinem Opel Adam. Ich habe schon mütterliche Gefühle entwickelt. Meiner! Der Verkäufer stellt sich zu uns. Zu dritt starren wir auf den roten und den silbernen. Der eine kostet 16 000 Euro, der andere 14 000 Euro.

»Warum ist der eine teurer als der andere?«, frage ich.

»Andere Ausstattung«, sagt der Verkäufer.

Als hätte ich mir das nicht denken können. »Und was hat der Rote, was der Silberne nicht hat?« Dem Typen muss man wohl alles aus der Nase ziehen.

»Sportverkleidung, Lenkrad- und Sitzheizung und noch so einiges mehr.«

Es ist offensichtlich, dass er kein Interesse hat, uns weiter zu bedienen. »Danke«, sagt Frau Dienstag, und mit einem »Komm wir setzen uns noch mal rein« gibt sie ihm zu verstehen, dass wir ihn aus seinen Diensten entlassen. Er geht wieder zum Schreibtisch.

»Nimm dir mal einen Katalog mit«, sagt Frau Dienstag,

und ich traue mich nicht zu fragen. Frau Dienstag fragt. Wir werden an einen anderen Schreibtisch verwiesen. Ein junger Mann begrüßt uns freundlich und gibt mir viele Heftchen, seine Karte und sagt, ich soll bald mit ihm eine Probefahrt machen. Auweia. Probefahrt.

»Aber, aber ich habe erst seit einer Woche meinen Führerschein, ich, äh …«

»Na, das macht doch nichts«, sagt der junge Mann, und ich liebe ihn sofort genauso, wie ich den Opel Adam liebe. Glücklich verlassen wir mein Auto und meinen Fachverkäufer.

»Du musst dir aber auch noch den Audi A1 angucken«, sagt Frau Dienstag. »Der ist auch schön.« – »Okay«, sage ich. Eigentlich will ich den Audi A1 gar nicht mehr sehen. Aber wenn Frau Dienstag sagt, ich muss, dann muss ich.

Frau Dienstag bringt mich nach Hause. Es fängt an zu regnen. Ich bin müde, aber glücklich. Der Freund wird staunen, was für ein schönes Auto ich mir kaufen will. Ich werde ihm sofort die Kataloge zeigen, und wir gucken, was das Auto alles haben soll, und dann suchen wir nach einem Jahreswagen oder meinetwegen einem noch älteren Modell. Das wird super.

2957,80 Euro reichen jetzt erst mal

»Bist du heute schon gefahren?«, fragt Frau Dienstag ein paar Wochen später, und ich möchte sagen: »Jaaa klar! Überall. Sogar auf dem Stadtring, und weil es so viel Spaß gemacht hat, bin ich gleich weiter nach Stralsund und wieder zurück. Auto fahren fetzt voll.« Sie würde mich angrinsen, nicken und loben. Leider bin ich gar nicht gefahren. Das Auto steht genauso unberührt vor meinem Haus, wie meine Schwester es vor drei Tagen dort hingestellt hat.

»Wir fahren drei Wochen weg, und dann kannst du meinen Wagen haben«, hatte meine Mutter vor Monaten gesagt. »Klar, nehme ich«, hatte ich geantwortet, weil dieses Wegfahren meiner Eltern noch in weiter Ferne lag und ich froh war, erst mal aus der Autokaufnummer rauszukommen. Ich kann ja mit dem Wagen meiner Mutter üben, und bis die verreisen, dauert es auch noch ewig. Aber irgendwann war es dann doch so weit, und an einem schwülwarmen Freitag bin ich mit der S-Bahn und meiner Schwester zu meinen Eltern.

»Ich fahr den Wagen zurück in die Stadt! Klar, kein Problem«, hörte ich mich noch auf der Terrasse sagen. Mein Vater gibt mir den Fahrzeugschein, den Autoschlüssel und noch ein paar Hinweise, die ich gar nicht höre, weil mir schon die Knie schlottern. »Aber fahr den nicht zu Klump!«, ruft mir meine Mutter noch nach. Meine Schwester grinst und geht todesmutig zur Beifahrertür. Ich setze mich in den kleinen Fiat Panda. Wie arrogant und selbstgerecht ich noch vor ein paar Wochen über den Twingo abgelästert habe. Und jetzt soll ich mit diesem Panda fahren, obwohl mir Frau Dienstag immer wieder sagt, dass ich unbedingt einen Audi bräuchte. Einen schwarzen. Der Twingo und der Panda, beides so niedliche Frauenautos. Auf jeden Fall sind die verwandt. Jetzt, wo ich drinsitze, kommt mir auch der Panda viel zu groß vor. Die Spiegel einstellen und den Sitz. Ach ja, und anschnallen. Radio erst mal aus. Ich gucke zu meiner Schwester. Die lächelt aufmunternd: »Geht's?«

»Ja, ja, klar. Ich muss mich nur wieder dran gewöhnen, ist ja doch schon 'ne Weile her. Also, wie war das noch? Kupplung treten, Zündung an …« Wir tuckern los. Ich schalte viel zu schnell oder viel zu langsam. Jedenfalls nicht richtig. Der Wagen hopst über das Kopfsteinpflaster der verschlafenen Einfamilienhausgegend meiner Eltern. Zum Glück sind hier gerade keine anderen Autos. Hier hat also meine Schwester fahren geübt. Vor dreißig Jahren. Jetzt sitzt sie neben mir und versucht mich zu beruhigen. »Wird schon. Schön langsam. Gucken, blinken, dann rum!« Mir wäre eigentlich lieber, wenn Dieter jetzt neben mir wäre. Meinetwegen könnte er auch rauchen und Nazilieder singen. Wäre mir alles egal, solange er genau sagt, was ich machen muss. Irgendwie habe ich alles wieder vergessen. Weil ich schon so alt bin? Mist, Dieter, hilf mir! Da kommt so eine große Straße, wie war das noch? Wie weit muss ich reinfahren, damit ich die anderen Autos sehen, aber nicht gerammt werden kann? Vielleicht hättest du mir den Führerschein verweigern sollen. Wahrscheinlich hätte ich doch noch mehr Fahrstunden gebraucht. Ich fühle mich total unsicher. Ich kann das nicht mit dem Autofahren, und ich werde das nie können. Das ist doch alles viel zu krass. Ich auf der Straße. Und die ganzen anderen Verkehrsteilnehmer. Ich will kein Verkehrsteilnehmer sein. Ich bin noch nicht so weit!

»Vorne rechts«, sagt meine Schwester. Und dann: »Huiiii, das war aber knapp!« Fast hätte ich einen parkenden Mercedes gerammt. Ich schleiche durch die engen Straßen und kriege schon Panik bei dem Gedanken, dass wir gleich auf den Stadtring müssen. Warum wollte ich denn unbedingt den Panda haben? Der hätte doch auch schön drei Wochen vor dem Haus meiner Eltern stehen bleiben können. Na, ich wollte den eigentlich auch gar nicht. Der wurde mir ja regelrecht aufgedrängt. »Du musst doch üben!« »Du musst jetzt immer fahren!« »Wenn du nicht fährst, dann wirst du so eine Frau, die den Führerschein hat, den aber nie benutzt.« »Wofür hast du denn die Pappe gemacht?« »Denk doch mal dran, wie teuer das alles war!«

Bevor es auf die Autobahn geht, sollen wir noch zu Kaiser's und irgendwelche Pappkartons wegschmeißen, die im Kofferraum liegen. Ich fahre auf den Parkplatz. Hilfe, wo lang? Wo sind diese bescheuerten Container? Das ist ja total schwer, zu fahren und gleichzeitig diese Container zu suchen. Hinter mir hupt jemand. Vielleicht bin ich zu langsam. »Ahhh, was ist das?« Vor mir bremst ein silberner BMW. »Stopp!!!«, schreit meine Schwester und zieht geistesgegenwärtig die Handbremse. »Puh, das war knapp.« Der ältere Herr im BMW fuchtelt mit den Armen und schüttelt den Kopf. »Dem wärst du wirklich fast draufgefahren«, sagt meine Schwester. Ich schwitze. Der BMW macht, dass er wegkommt, und ich rolle zu den Papiercontainern, parke den Panda. Schief, aber das ist mir egal. Ich muss raus und rauchen. Meine Schwester kümmert sich um die Kartons. Ich will nicht mehr fahren. Das ist zu heavy, und mittlerweile sind so viele Autos überall. Und die scheinen alle ein bisschen aggro zu sein. Freitag um eins macht jeder seins. Wahrscheinlich wollen die alle schnell nach Hause, und da stört so ein Fahranfänger, der nicht schneller als 30 fährt und ewig braucht, bis er links abbiegt. »Man kann ja nie wissen, ich warte mal lieber noch kurz!«

»Heute ist doch ziemlich krass«, sagt meine Schwester und nimmt einen Zug von meiner Zigarette. Ich nicke. »Ja, wa?«

»Vielleicht, also, na ja, ich will dich jetzt auf keinen Fall entmutigen, du machst das wirklich schon sehr gut, aber vielleicht sollte ich …« Jaaaaa! Super! Ich gehe sofort zur Beifahrertür. »Ja, fahr du bitte! Ich trau mich sowieso nicht«, sage ich und lasse mich auf meinen angestammten Platz rechts neben dem Fahrersitz fallen. Hier gehöre ich hin. Hier, wo man in Ruhe rausgucken kann. Hier, wo man am Radio rumspielt, den Fahrer zutextet und keinerlei Verantwortung trägt. Hier fühle ich mich wohl. Der Beifahrersitz – das bin ich!

Meine Schwester kutschiert uns nach Hause. So, wie sie das schon seit Jahren tut. Don't fix it – if it ain't broken. Never change a winning team.

Abends beim Sport fragt Frau Dienstag: »Und, hast du den Panda?« Warum muss ich der eigentlich immer alles erzählen? Hätte ich ihr mal gar nicht gesagt, dass ich mir das Auto leihe. »Hmm.« Und ich hab noch so großspurig getönt, dass ich den zurück zu mir fahre. Meine Schwester hatte ich gar nicht erwähnt. »Und?«, fragt sie. »War ganz schön voll heute. Und einem bin ich fast draufgefahren«, sage ich. »Los, lass mal umziehen gehen, der Kurs fängt gleich an.«

Und nun steht der Panda unten vor meinem Haus. Ich sehe ihn, wenn ich aus meinem Fenster gucke. Komisch, dass man etwas so Teures wie ein Auto einfach so auf die Straße stellt. Seit Tagen steht der Panda da. Bei mir gibt es nicht so viele Parkplätze, und ich bin froh, einen zu haben. Wenn ich jetzt rausfahre, dann finde ich bestimmt nie wieder einen. »Parkplätze findet man immer«, sagt Frau Dienstag. Mir reicht es, den Panda vom Fenster aus anzugucken. Er ist irgendwie doch ganz niedlich. So schön rot. Gefahren bin ich seit dem Kaisersparkplatzdesaster nicht mehr. Warum auch? Wohin auch? Und vor allem: wie denn? Alleine??? Gott bewahre!

»Das ist sooo toll, dass du jetzt ein Auto hast!«, sagt Frau Dienstag. »Jetzt musst du jeden Tag fahren!«

»Hmm.«

»Du musst dir jeden Tag was vornehmen. Ein Ziel! Jeden Tag!«

Aber ich habe kein Ziel. Ich muss nirgendwo hin, und wenn ich irgendwo hinmüsste, dann hätte ich doch meine Monatskarte. Ich will nicht Auto fahren. Ich habe Angst.

2957,80 Euro plus 2,80 Euro (U-Bahn-Fahrt) und 15 Euro (Taxi)

Ich bin eingeladen. Zu einem Geburtstag in einer Kneipe in einem anderen Bezirk. »Kannst du doch mit dem Auto hinfahren«, sagt der Freund. Der führerscheinlose Freund. Der keine Ahnung hat.

»Nee, kann ich nicht! Dann darf ich ja nichts trinken. Als Fahranfänger darf man nie Alkohol trinken. Da gilt null Komma null Promille.« Zum Glück ist das so. Ich bin froh, dass ich nicht mit dem Auto fahren muss. Erstens wären dort bestimmt keine Parkplätze, und wenn, dann nur so ganz kleine, und da würde ich bestimmt irgendein anderes Fahrzeug andotzen, und das wäre schlimm. Außerdem müsste ich im Dunkeln zurückfahren, und das geht ja gar nicht. Ich will nie wieder in meinem Leben Auto fahren, wenn die Sonne untergegangen ist. Nie! Und außerdem ist dieser Geburtstag in Neukölln, und da sind ja bekanntlich nur Irre unterwegs. Immer wieder stelle ich mir vor, dass mich so ein wahnsinniger BMW mit 100 Sachen überholt und ich so einen Schreck kriege, dass ich mich an den Straßenrand stelle, weine und nicht mehr weiterfahren kann. Dieser Gedanke endet immer mit der Frage, wen ich dann anrufe und wer kommen würde, um mich zu retten und das Auto wieder nach Hause zu fahren. Frau Dienstag? Dieter? Der ADAC? Ich bin mir gar nicht sicher, ob die so was machen. Wahrscheinlich ein wildfremder Fußgänger mit Führerschein, der Mitleid mit mir hätte.

Ich fahre also wie gewohnt mit der U-Bahn. U-Bahn-Fahren ist doch gar nicht so schlecht. Die U-Bahn kommt in recht regelmäßigen Abständen, und vor allem kann man lesen. Ich habe immer ein Buch dabei. Auch wenn ich nur drei Stationen fahre. Man weiß ja nie. Das U-Bahn-Netz in Berlin ist gut, und man kommt eigentlich fast überall hin. Manchmal muss man auf den Bus umsteigen, da kann man sogar rausgucken.

»U-Bahn-Fahren ist sooo eklig«, sagt Frau Dienstag, und ich habe ihr immer recht gegeben. »Du kannst sooo froh sein, dass du jetzt, wo du den Führerschein hast, nie wieder U-Bahn-Fahren musst. Da sind doch immer nur Idioten unterwegs.« Ja. Das stimmt. Aber ich kenne meine U-Bahn-Irren. Ich weiß, was die wollen: Die meisten wollen Geld, manche wollen etwas zu essen, andere wollen einfach mal quatschen, und der mit der Schallplatte auf dem Kopf will dir immer das Gedicht der Eintagsfliege vortragen und jemanden heiraten. Manche riechen streng und haben dadurch mehrere Sitzplätze für sich alleine. Ich weiß genau, wie man U-Bahn fährt. Gäbe es einen U-Bahn-Führerschein – ich hätte den mit Bravour bestanden. Ich könnte U-Bahn-Fahrlehrerin werden. Ich weiß genau, wo ich einsteigen muss, um an der Treppe meines Zielbahnhofs zu landen. Hinten, vorne, Mitte. Ich weiß, wie man einen Sitzplatz ergattert. Ich weiß, an welchen Stationen die meisten Leute aus- und einsteigen und wie man sich verhält, wenn jemand im Waggon durchdreht. Ich habe einen speziellen U-Bahn-Fahrt-Gesichtsausdruck, der so gut ist, dass ich noch nie Ärger gehabt habe. Egal, auf welcher Linie. Egal, zu welcher Tageszeit. Ich muss leider sagen – ich bin ein U-Bahn-Fahrer. Auch wenn ich das nie vor Frau Dienstag zugeben würde. Vor allem jetzt nicht, wo ich mich doch ein für alle Mal von der schäbigen Beförderung unter der Erde verabschieden könnte.

Die Kneipe ist schon gut gefüllt, als ich ankomme. Ich gratuliere dem Geburtstagskind, kaufe mir ein kleines Alster und stelle mich zu den Rauchern vor die Tür. Siehste, Frau Dienstag, wäre ich jetzt mit dem Panda hier, könnte ich nur Wasser oder Cola trinken. Ich rede mit Ulrike. Natürlich über den Führerschein. »Ja, Mitte März. Bestanden.« »Ja, vielleicht kaufe ich mir ein Auto, weiß noch nicht.« Und – wie könnte es anders sein – Ulrike ist genau so eine Frau, vor der mich Frau Dienstag immer warnt. »Ich habe den Führerschein mit 18 gemacht, aber dann bin ich gar nicht mehr gefahren, und jetzt traue ich mich das nicht mehr.« Ich fühle mich sofort mit ihr verbunden. Ich werde auch so eine Frau. Ulrike fährt nun seit fast 30 Jahren nicht. Wenn ich 30 Jahre nicht fahre, dann bin ich 80. Neben uns steht ein Typ mit einer Lederweste und einer Ledermütze. Wir kennen ihn nicht, trotzdem mischt er sich in unser Gespräch ein. »Wenn ihr euch nicht traut, Auto zu fahren, dann habe ich den ultimativen Trick für euch«, sagt er, und ich gucke ihn gespannt an. Was ist das für ein Trick? Diesen Trick brauche ich. Ein Teil von mir will doch Auto fahren. Dieser Teil ist zwar von Ängsten überdeckt, aber wie gerne würde ich Frau Dienstag sagen, dass ich jeden Tag fahre und es mir so einen Spaß macht. Wie gerne würde ich über mich selbst lachen und den Kopf schütteln bei dem Gedanken, dass ich jemals Angst davor hatte, am Berliner Straßenverkehr teilzunehmen. Also los, Ledermütze, spuck ihn aus, deinen tollen Trick!

»Wenn man Angst hat, Auto zu fahren, dann muss man die Kabel der Hupe abklemmen.«

Ich gucke den Typen an, dann Ulrike. Die Kabel der Hupe abklemmen? Das soll der ultimative Anti-Angst-Trick sein? »Häh, wieso?«, fragt Ulrike.

»Na, ist doch klar, man traut sich dann mehr, wenn man nicht mehr hupen kann.« Ich verstehe nur Bahnhof. Ulrike kapiert es auch nicht. »Denkst du denn, dass wir so Autofahrer sind, die immer hupen?«, fragt sie. Ich weiß noch nicht mal, wo die Hupen in Autos sind. Ich glaube, ich habe noch nie eine Hupe betätigt. Wieso sollte mir das helfen, wenn ich nicht hupen kann? Ich müsste den anderen Autofahrern die Hupen abklemmen. Denn angehupt wurde ich schon oft, und ich erschrecke mich jedes Mal. Die Hupe abklemmen … tzzz, was für eine bescheuerte Idee. Und wahrscheinlich darf man das auch gar nicht.

»Doch, ganz ehrlich, Mädels«, sagt der Typ, und ich bin von seinem »Mädels« schon so genervt, dass ich mich eigentlich gar nicht mehr mit ihm unterhalten möchte. Ulrike guckt auch nicht begeistert. »Nee, nee, ganz ehrlich, als ich damals diesen Job als Kurier hatte und jeden Tag neun Stunden im Auto sitzen musste, da dachte ich, ich dreh durch. Und dann habe ich die Kabel von der Hupe abgeklemmt, und plötzlich ging's.« Ah, er war also so ein cholerischer, ungeduldiger Fahrer, der ständig durch Hupen auf sich und seine Autofahrerrechte aufmerksam machen wollte. Das sind mir ja die Liebsten: Hup, hup, hier komm ich! Aus dem Weg, ich muss hier in der Stadt 80 fahren, hau mal ab, du lahme Ente!

»Also, versucht das mal!« Der Typ lässt nicht locker. Selbst wenn ich irgendwas in einem Auto abklemmen wollte, ich wüsste doch gar nicht, wo. Am Ende klemme ich noch die Kabel von den Bremsen oder sonst was Wichtigem ab. Das kommt gar nicht in die Tüte.

»Weißt du, unser Problem ist nicht, dass wir zu viel hupen. Wir trauen uns nicht zu fahren, weil es auf der Straße so hektisch ist, und nicht, weil wir nicht schnell genug von der Haltelinie wegkommen. Und andere Autos aus dem Weg hupen müssen.« Das versteht der Ledermützenmann irgendwie nicht. Bei ihm hat der Trick gewirkt, und warum sollte der dann nicht bei diesen Frauen …

»Ich hole mir noch was zu trinken«, sagt Ulrike. Weg ist sie, und ich stehe mit dem Hupenmann allein da. Na, vielen Dank. Ich werde ihn auch den ganzen Abend nicht mehr los. Er erzählt mir seine Lebensgeschichte, wie er als Künstler – ich habe nicht verstanden, was für Kunst er macht – nicht überleben kann und jetzt in einem Bioladen arbeitet. »Ich habe mir ein Haus gekauft.«

»Oh.«

»In der Uckermark.«

»Ah.« Ich weiß gar nicht, wo diese Uckermark eigentlich ist. Irgendwo außerhalb von Berlin. Da kommt man bestimmt nur mit dem Auto hin. Wenn ich mich trauen würde, Auto zu fahren, dann könnte ich auch in die Uckermark düsen. »Da kriegt man noch total billige Häuser«, sagt der Typ, und dann erzählt er mir genauestens, was für ein tolles altes (ich glaube, er sagte sogar uriges) Haus er da gefunden hätte, und natürlich müsse man dort noch viel reinstecken, aber es hätte auch nur 9000 Euro gekostet. Ich denke: 9000 Euro? Für ein ganzes Haus? Das ist ja billiger als ein Opel Adam.

Oder wie mein Vater neulich sagte: »Dir gefällt dieser Opel Adolf?« Kurz denke ich an diese süßen bunten Opel, werde dann aber wieder in die Uckermark gelotst und erfahre alles über die tolle Umgebung und die vielen Möglichkeiten, die man dort hat. »Aber ich sag dir nicht, wo das ist in der Uckermark.«

»Häh? Wieso nicht?«

»Der Verkauf ist noch nicht in Sack und Tüten und …«

»Keine Angst, ich will gar kein kaputtes Haus in der Uckermark.« Ich will auch nicht meine Hupe abklemmen, auch nicht noch mehr über die Vorteile des Auf-dem-Land-Wohnens hören oder hier weiter von diesem Ledermützenheini zugeschwallt werden. Aber ich komme nicht von ihm weg. Er bleibt an mir kleben. Den ganzen Abend. Irgendwann verabschiede ich mich und will zur U-Bahn gehen. An der Karl-Marx-Straße denke ich, nimm doch ein Taxi! Das hast du dir verdient. Das ist übrigens noch so ein Vorteil vom U-Bahn-Fahrer-Dasein: Wenn man abends unterwegs ist, dann kann man mit den öffentlichen Verkehrsmitteln hin- und mit dem Taxi zurückfahren. Weil man ja kein Geld für den Unterhalt eines eigenen Autos ausgeben muss, kann man sich immer ein Taxi leisten. Also, ich nehme mal an, dass das billiger ist. Obwohl es natürlich drauf ankommt, wie oft man weggeht und wo. Wenn man jetzt immer in Randbezirken zum Essen eingeladen wird und dann jedes Mal ein Taxi … ach, keine Ahnung. Taxi ist bestimmt billiger als Auto. Muss ich mal Frau Dienstag fragen.

Ein Taxi hält. Der Fahrer ist nett. Wir fahren und stehen plötzlich im Stau. Ein Stau? Mitten in der Nacht? »Da war ein ganz schwerer Unfall am Hermannplatz«, sagt der Taxifahrer. »Schon vor Stunden. Einige Straßen sind komplett gesperrt. Die versuchen immer noch, die Leute aus den Autos rauszuholen.« Auweia, das klingt schlimm. Die müssen wahrscheinlich die Autodächer aufschneiden. »Gab es da Tote?«, frage ich, aber das weiß der Taxifahrer auch nicht. »Ein Unfall. Schrecklich. So was will ich gar nicht hören, da wird mir ganz anders. Ich habe nämlich gerade erst den Führerschein gemacht. Jetzt habe ich überhaupt keine Lust mehr zu fahren.« Der Taxifahrer grinst mich an: »Wieso?«

»Na, was beim Autofahren alles passieren kann. All die schlimmen Unfälle. Oder man überfährt jemanden oder …« Der Fahrer schüttelt den Kopf. »Wenn deine Zeit abgelaufen ist, dann findet dich der Tod. Egal, wo du bist. Da kannst du gar nichts machen.«

»Ja, aber wenn man nicht fährt, dann macht man auch keinen Unfall, also ist es doch …«

»Dann läufst du hier auf der Straße, und dann kommt ein Auto und fährt dich übern Haufen.« Ich gucke auf den leeren Bürgersteig, auf den er zeigt. Ein Auto auf dem Bürgersteig? Warum sollte das denn … »Nee, nee, wirklich, der Tod findet dich, wenn du dran bist.« Damit entlässt er mich irgendwann aus seiner Taxe. Im Treppenhaus denke ich immer wieder: Wenn deine Zeit abgelaufen ist, dann findet dich der Tod. Ich hoffe, das ist noch nicht so bald. Und außerdem – der findet mich viel schwerer, wenn ich nicht in einem Auto sitze.

Ein paar Tage später (2974,80 Euro)

Mittlerweile bin ich völlig gestresst davon, dass dieses doofe Auto meiner Mutter da unten steht. Immer wenn ich es angucke, dann spüre ich so einen fiesen Vorwurf. Von dem Panda selbst, aber auch von meiner Mutter und vor allem natürlich von Frau Dienstag. Ich hätte doch Zeit, und da steht ein Auto und da ist sogar noch Benzin drin. Warum fährst du dann nicht? Du musst üben! Das hast du doch auch dem Prüfer vom TÜV versprochen. In meiner Vorstellung steht der neben meiner Mutter und Frau Dienstag, und alle drei schütteln den Kopf. Und es geht ja nicht nur ums Fahren. Bei dem Gedanken, ein eigenes Auto zu kaufen und dann zu besitzen, wird mir ganz schlecht. Ich will kein Auto! Ich habe bereits Verlustängste. Ich fühle mich aus meinem schönen führerscheinlosen Leben geschmissen. Geh rüber zu den Autofahrern! Du gehörst nicht mehr zu uns unbeschwerten Leuten. Zu uns, die wir uns nicht um Vertragswerkstätten und lose Radaufhängungen oder Jahresinspektionen kümmern müssen. Du bist jetzt auf der anderen Seite. Gib deine Monatskarte ab. Du brauchst auch gar nicht die Reifen deines Fahrrads aufzupumpen. Du bist doch noch nie Fahrrad gefahren. Warum jetzt plötzlich? »Oh, du kommst mit dem Rad«, begrüßte mich gestern ein Freund und grinste dann: »Alles, um das Autofahren zu vermeiden.« Alles wird zu einer einzigen großen Vermeidungsstrategie. »Frau Dienstag, ich gehe ins Kino«, schreibe ich bei WhatsApp. Und sie: »Vorgeschobene Aktivität? Vermeidungsstrategie! Tzzzz.« Ich fühle mich schlecht.

Und dann habe ich plötzlich die Erkenntnis. Samstagmorgen bei Netflix. Weil ich immer so früh aufwache und dann nichts mit mir anzufangen weiß und weil ich ja Netflix abonniert habe, hocke ich mit meinem Kaffee vor dem Laptop. Da sind ja so viele Filme, und die muss ich doch alle gucken. Das schaffe ich nie. Auch das fühlt sich nicht gut an. Aber an diesem Samstag wird mir einiges klar. Da macht plötzlich alles Sinn. Val Kilmer zeigt mir, warum ich kein Auto haben will. Ich gucke *Auf den ersten Blick*. Es geht um einen Mann, der blind ist, und eine Frau, die nicht blind ist. Der Mann, gespielt von Val Kilmer, konnte als Kind mal was sehen, und dann ist er durch eine Krankheit erblindet, und jetzt ist er Masseur in einem Spabereich eines Hotels. Und die gestresste Singlefrau aus New York lässt sich von ihm massieren, und er ist natürlich voll gut. Ist ja klar, er ist ja auch blind. Sie verlieben sich, und erst findet sie es ganz chic mit so einem Blinden, weil sie dann plötzlich alles besser hört und weil der ja auch so gut mit seinen Händen ist, aber irgendwann nervt es sie, und dann findet sie zufällig raus, dass man seine Augen operieren könnte, und dann könnte er wieder sehen. Nach einigem Hin und Her (»Du akzeptierst mich nicht so, wie ich bin!« – »Doch.« – »Nein.« – »Doch.«) willigt er in die Operation ein, weil sie sagt, dass gucken können doch auch gut sei, und sie fahren nach New York, und die Operation verläuft gut. Man denkt: Super! Happy End. Er kann sie sehen, und sie sieht natürlich auch gut aus. Ha, das wäre eigentlich auch ein guter Twist gewesen, wenn er sich in eine voll hässliche Frau verliebt hätte, und dann so: Augen auf – oh nee, die ist ja voll die Hässlichkeit. Und tschüss. Aber so geht der Film nicht. Also, irgendwann kommt dann der Moment, wo die Verbände abkommen, und natürlich ist alles total hell für ihn und voll grell. Das schockt ihn anfangs ein bisschen, aber dann gewöhnt er sich dran. Er weiß ja auch gar nicht, wie die Leute aussehen, mit denen er täglich zu tun hatte. Eigentlich erwartet man die ganze Zeit, dass jetzt alles super wird, aber er kommt nicht klar. Er rennt auf der Party vom Exmann seiner Freundin durch eine Glasscheibe, die zerbricht, und er versteht auch nicht, wie die Gäste zu YMCA von den Village People tanzen, und er verwechselt den Rot- und den Weißwein. Und es wird auch nicht besser. Er kommt einfach nicht klar. Er ist ein Blinder, der sehen kann. Jetzt muss er alles neu lernen. Er kann ja auch nicht lesen. Er kann nur Blindenschrift, und er kann auf der Straße nicht abschätzen, wie schnell die Autos fahren. Es ist alles ganz schrecklich, und er wird immer trauriger, und die Beziehung leidet natürlich darunter. Später verliert er seine Sehfähigkeit, und dann klappt das auch wieder mit der Liebe. Ich gucke also morgens diesen Film, trinke meinen Kaffee, und plötzlich habe ich eine Erkenntnis: »Ich bin Val Kilmer!« Er war immer blind und kam gut damit klar. Ich hatte nie einen Führerschein und war zufrieden. Dann kann er plötzlich sehen, aber er kommt nicht mehr klar. Er benimmt sich immer noch wie ein Blinder (er saß zum Beispiel oft im Dunkeln, wenn seine Freundin nach Hause kam). Genau wie ich: Ich habe den Führerschein, fahre aber trotzdem mit der U-Bahn, ich habe ein Auto vor der Tür stehen, und statt es zu benutzen, pumpe ich mein Fahrrad auf. Er will nicht sehen, ich will nicht Auto fahren.

Das ist es! Das ist des Pudels Kern! Ich bin Val Kilmer. Ich bin so begeistert von meiner Erkenntnis, dass ich den Freund wecke. Ich erzähle ihm den Film. »... verstehst du? Das ist genau wie bei mir, er kann zwar jetzt sehen, aber kann es irgendwie doch nicht.«

Mein Freund versteht nichts. »Hmm.«

Okay, vielleicht ist es noch zu früh. Später treffe ich Frau Dienstag zum Sport. Die wird es verstehen. Ich bin so gespannt, was sie sagen wird.

»Frau Dienstag, ich hatte eine Erkenntnis«, sage ich mittags gleich zur Begrüßung. Meistens beziehen sich unsere Erkenntnisse auf irgendetwas Schulisches oder betreffen den zwischenmenschlichen Bereich.

»Frau Dienstag, ich weiß jetzt, wieso ich Angst habe, Auto zu fahren«, sage ich und erzähle ihr von dem Film. Sie überlegt. Jetzt sagt sie bestimmt gleich: »Ach, Quatsch, stell dich nicht so an. Da musst du jetzt durch. Du musst fahren!« Sagt sie aber nicht. Sie sagt gar nichts. Sie denkt nach und dann: »Hmm. Verstehe. Wahrscheinlich ist das auch das, was die Fahrlehrer meinten.«

»Häh, wie jetzt?«

»Na, dein erster Fahrlehrer.«

»Harald.«

»Ja, der meinte doch immer, dass es so schwer werden würde und dass du vielleicht doch schon zu alt für den Führerschein bist.« Ich glaub, ich spinne. Was ist denn jetzt plötzlich mit Frau Dienstag? So kenne ich sie gar nicht. Jetzt gibt sie diesem doofen Harald, diesem Altersdiskriminierer, recht?

»Nee, Harald wollte nur möglichst viel Geld mit mir verdienen. Und mich fertigmachen. Das wollte der!« Frau Dienstag zuckt mit den Schultern und dreht den Kopf ein bisschen zur Seite. Überzeugt ist sie nicht. Na, warte! Ich werde doch noch fahren! Gleich morgen früh!

Wer wenig fährt, muss auch nicht tanken (2974,80 Euro)

»Der hat ja gar keine elektrischen Fensterheber«, stellt Mareike am nächsten Morgen fest, als ich hektisch mein Fenster runterkurbele, damit ich beim Umschalten der Ampel damit fertig bin. Mareike besucht uns übers Wochenende. Sie will auf den Flohmarkt. »Ich kann dich hinfahren«, hatte ich leichtsinnig angeboten. »Ich fahre dann alleine zurück und hole dich später wieder ab.« Es ist wirklich nicht voll auf den Straßen. Ich fahre total langsam, habe aber trotzdem Angst. Was jetzt nicht alles passieren könnte. Es ist warm draußen.

»Du solltest das Fenster entweder ganz auf- oder ganz zumachen«, sagt Mareike neben mir.

»Warum?«, frage ich, ohne sie anzusehen. Ich habe mir angewöhnt, immer auf die Straße zu gucken, wenn der Beifahrer mit mir spricht. Harald, Mike, Dieter und jetzt Mareike – egal, was sie sagen, ich gucke sie nicht an. Das ist wie Sekundenschlaf. Einen Millimoment nicht aufgepasst, und schon hat man einen Unfall gebaut.

»Wenn du das Fenster so halb aufhast und jemand fährt dir in die Seite, dann kannst du geköpft werden, wenn du mit dem Hals auf der Scheibe landest.«

»MAREIKE, bitte!!! Erzähl mir jetzt nichts von Unfällen!« Ich kurbel sofort das Fenster hoch.

»Ich sag ja nur, das ist total gefährlich. Der Freundin meiner Tante ist das passiert!«

»Hör auf! Bitte!«, sage ich und bin mir sicher, dass ich nie wieder mit einem halboffenen Fenster fahren werde.

Überhaupt verstehe ich gar nicht, was an diesem Autofahren so toll sein soll. »Du musst jetzt unbedingt zu McDrive fahren«, hatte eine Freundin gesagt, als wir meinen Führerschein feierten. McDrive … was soll ich denn da? Ich esse doch nie bei McDonald's. Aber so was kriegt man halt von Leuten zu hören, die mit 18 fahren gelernt haben.

Irgendwann sitzt Christine in meiner Küche. Wir trinken Kaffee. Ich zeige ihr meinen Führerschein und gebe ihr die Prüfungsbögen zurück, die sie mir zum Üben ausgeliehen hatte. Christine ist älter als ich und hat auch erst vor ein paar Jahren Auto fahren gelernt. Seitdem fährt sie allerdings jeden Tag.

»Auto fahren ist sooo geil!«, sagt sie, und ich muss an Frau Dienstag denken.

»Aber was ist mit den Unfällen und Blechschäden und so?« Christine hat eigentlich jede Woche irgendeine Horrorgeschichte, die ihr Auto involviert, zu erzählen.

Sie winkt ab: »Du merkst, dass du lebst, wenn dir einer reinfährt. Du denkst: ›Oh nein, auweia, mein Auto!‹ Das ist zwar scheiße, aber ein geiles Gefühl.«

Ich nicke. Sie kriegt sich gar nicht mehr ein: »Stell dir doch mal vor, das eigene Auto! Mein Auto! Mein Lenkrad! Meine Gurte!« Als sie geht, verspreche ich ihr, dass ich mir bald auch ein Auto kaufen werde.

Bruno, ich, 2974,80 Euro und ein bisschen Überwindung

»Du, ich brauche am Montag den Panda zurück«, sagt meine Mutter am Telefon. Oh Gott! Ich wusste, dass dieser Tag irgendwann kommt. Meine Eltern waren ja nur verreist und nicht ausgewandert. Zum Haus meiner Eltern ist es total weit. Man könnte meinen, sie wohnten in einer anderen Stadt. Man kommt da nur über den Stadtring hin. Auf die Autobahn fahren …

»Kannst du den Wagen am Sonntag vorbeibringen?«

»Ja klar, kein Problem!«, lüge ich und lege auf. Sonntag. Morgen. Sonntags sind ja zum Glück nicht so viele Fahrzeuge unterwegs, und morgen spielt auch die deutsche Nationalmannschaft. Wenn Fußball läuft, dann sind doch die Straßen immer leergefegt. Oder ist das nur bei wichtigen Endspielen? Das wär's. Deutschland spielt gegen irgendwen im Finale, und ich tuckere mit dem Panda über die autoleere Autobahn. Leider ist morgen kein Finale.

Okay, wie war das noch mal? Anschnallen, Spiegel, Radio aus, Kupplung treten, Gang einlegen und Zündschlüssel drehen. Sofort erhöht sich mein Herzschlag. Ich schwitze. Ist auch sehr warm draußen. Vielleicht das Fenster ein bisschen aufmachen. Mist, ein bisschen geht ja nicht. Entweder Fenster ganz auf oder gar nicht. Zum Glück sind hier gerade keine anderen Autos auf der Straße. Ausparken ist gar nicht so leicht. Linksrum, dann alles wieder nach rechts drehen und immer schön langsam. Irgendwann bin ich auf der

Straße. Ich schleiche mich von Kreuzung zu Kreuzung. Alles, was nicht Autobahnauffahrt ist, ist gut. Die Ampeln stressen mich. Wie soll man denn wissen, wie lange die noch grün sind? Wenn die jetzt schon sehr lange auf Grün waren und dann gelb werden, dann besteht immer die Gefahr, dass ich bei Rot unter der Ampel durchfahre. Und das ist mein absoluter Horror. Die Vorstellung, bei Rot über die Ampel zu fahren. Lieber warte ich, bis sie von Grün auf Gelb und dann auf Rot schaltet, und warte weiter.

Ah, sehr schön. Hier ist Tempo 30. Meinetwegen bräuchte es nirgends Tempo 50 zu geben. 30 reicht doch völlig. 30 ist gemütlich und stresst mich nicht. Mit dreißig Jahren fühlt man sich doch auch viel besser als mit fünfzig. Und wer braucht schon Tempo 80. Das ist doch viel zu gefährlich. Aber dort vorne geht's auf die Autobahn. Da werde ich wohl weder 50 und schon gar nicht 30 fahren können. Hoffentlich ist die nicht so voll. Vielleicht ein bisschen Radio. Zur Beruhigung. Ampel. Noch ist sie grün. Runter vom Gas, ranrollen … sehr gut: gelb. Und hinter der Ampel geht es auf den Stadtring. Kann ich also schon mal blinken.

Bruno Mars singt: »I'm too hot.«

Ich singe: »Hot damn.« Die Ampel springt auf Grün.

Ich gebe Gas und Bruno singt: »'Cause Uptown Funk gon' give it to you.«

Ich schalte in den zweiten Gang, schieße die Autobahnauffahrt hoch und schreie: »'Cause Uptown Funk gon' give it to you.«

Bruno: »Saturday night, and we in the spot.«

Mit: »Don't believe me, just watch, come on!«, fädele ich mich in den rechten Fahrstreifen ein. Immer schön rechts bleiben. Ich fahre, und Bruno Mars singt dazu. Wir düsen über die Autobahn. »Du musst immer nur rechts bleiben!«, hat meine Schwester gesagt. Na, den Weg zu den Eltern, den kenne ich doch, habe ich gedacht. Schließlich fahren wir den seit 30 Jahren zusammen. Und was anderes als rechts gibt es für mich ja auch nicht. Ich bin ja nicht lebensmüde und fahre auf dem Mittelstreifen. Am Ende werde ich noch rechts überholt. Verboten, aber das schert außer mir ja niemanden. Die Autobahn ist ziemlich leer.

Ich drehe die Musik lauter und singe mit Bruno: »Girls hit your hallelujah (wooh)! Girls hit your hallelujah (wooh)! Girls hit your hallelujah (wooh)!«

Der warme Fahrtwind weht mir um den Kopf. Ich hänge meinen linken Arm aus dem Fenster. »'Cause Uptown Funk gon' give it to you.« Yeah! Musik, Sonne und freie Fahrt mit Tempo 80. Kommt mir gar nicht so schnell vor. Jetzt könnte ich immer weiterfahren. Einfach immer weiter auf der Autobahn. Immer geradeaus. Fühlt sich super an. Ich fahre! Ganz alleine, und es macht Spaß! Vielleicht sollte ich mir wirklich ein eigenes Auto kaufen. Das könnte ich gleich morgen machen. Das mach ich vielleicht. Vielleicht aber auch nicht.

»Zum Schreien komisch« *Freundin*

Frau Freitag

VOLL STRENG,
FRAU FREITAG

Neues aus dem Schulalltag

ISBN 978-3-548-37457-4
www.ullstein-buchverlage.de

Frau Freitags Klasse ist jetzt in der Zehnten. Alles dreht sich um den Abschluss. Wirklich alles? Während Frau Freitag ihre Schüler nachts auf Facebook an ihre Bewerbungen erinnert und tagsüber durch die Prüfungen schleust, haben Bilal, Emre und Mariam ganz andere Probleme: »Wie kam man eigentlich ins Internet, als es noch keine Computer gab?« – »Moment noch Frau Freitag, gleich fertig mit Handy.« – »Hab ich Selbstbräuner raufgesprüht und heute Morgen voll Schock: voll dunkelbraun.« Aber wie soll eigentlich Frau Freitag ohne ihre Klasse überleben?

US391

ullstein